说佛 商界 丛书

寿乐英 主编　匡长福 著

用人的菩提

东方出版社

前　言

　　佛教创立于公元前6世纪，距今已有2500多年了。管理理论伴随着人类的生产与生活的两大实践也是古已有之。从"科学管理之父"泰勒1911年发表其著名的《科学管理原理》一书至今，也有近百年的历史了。这就是说，佛学和管理两个都是"老问题"了。但是，将精神层面的佛学理论与实践层面的管理理论相结合，就成了很有意义、很有创新味道的"老曲新唱"了，成了"新问题"。的确，这几年，关注并研究佛学与管理的人们越来越多，这反映了如下几个问题。

　　首先，管理理论的发展及应用，离不开世界各种各样的文化与之相交融，它们使管理理论在发展上更有各种文化的深厚底蕴，在应用上更具各类文化的异彩纷呈。

　　其次，管理既是一门学问又是一门艺术，也是一种文化。现在大家都非常重视培育企业文化，而企业文化本身又何尝不是管理呢？所以，"管理即是文化"的理念正在日渐普及，并被管理者们实践于各个层面的管理之中。

第三，在经济全球化的今天，从文化的角度看，西方管理理论与东方的佛教文化也确有相互交融的必要。从历史的长河中我们不难看到，东西方文化相互交流是人类文明发展的主旋律，这种交流，使人类的进步得到了巨大的空间。事实证明，这种交流越广越深，人类的进步就越快。那么，将精神层面的佛学理论与实践层面的管理理论相结合，不正是这种东西方文化的交流吗？

第四，佛教虽诞生于古印度，亦属外来文化，但在其传播到中国之后的大约2000年里，已与中国固有文化相融合，成为中国传统文化中的一部分。佛教的慈悲心、宽容心、清净心、平等心等"治心"之说，已深深植入中华民族的文化底蕴之中，直至民俗层面。所以，佛学与管理相结合所结成的硕果，应是直指人心的管理。由此可见，我们把管理理论与中国传统文化里治心的佛学理论相结合，是达到另一管理佳境的正道通途！

正是基于上述思考，于是便有了本书的写作动机和欲望。我们尝试从一个新的视角，给企业管理者提供一种对管理新的感悟、新的思维。

为何本书叫《用人的菩提》？佛学讲的"菩提"，意思是觉悟、智慧。凡能断除烦恼而达到涅磐境界的智慧，就是"菩提"。个业管理者常常为用人而烦恼，为摆脱这种烦恼，就需要我们发"菩提心"、修"菩提智"。其实佛学认为智慧原本是我们自性本有的、本能的。现在我们没有了，到哪里去了？佛说是我们迷失了，不是真的失掉，只要觉悟，智慧就恢复了。正如觉真法师所说，智慧不是商品，无处购买；智慧不是对象，无从寻觅。它是你本有的。觉了，悟了，那就是智慧。所以，用佛学的义理帮助我们恢复自性本有的在用人方面的"无上智慧"，就可断除用人的烦恼。本书由此得名。

本书前三章主要讲管理者在用人方面应具有的包容的智慧、知人善任的智慧和善于用权的智慧；第四、五、六章是讲如何才能劳身不劳心，如何激励众心和怎样对待"人过"与"已迅"等方面的智慧；第七、八章，介绍了"用人之半"、"惜错"等智慧和要想用好人，先要做好人的道理。总之，全书旨在使读者能够开启自己的菩提智慧之门，领悟适合中国国情的菩提智慧管理之要义所在。

本书和近几年出版的一些传统文化与管理的书籍有所不同，不是泛泛地谈管理，而是从企业管理者的角度来吸取佛学精华，专讲如何开启菩提无上智慧的管理，换句话说，就企业管理者而言，有较强的针对性。

为了便于读者体会、感悟佛学发"菩提心"，修"菩提智"之法，本书在写作中力求通过佛教文化"珠光宝器"的导引，更形象、更生动、更直接地将读者引上"一路慈航"。为此目的，在佛教文化的宝库里，可谓精心挑选；在谈及企业管理时，可谓博引旁征。

对于佛学的感悟和对管理的领悟在于每个人的心性和悟性，特别是像净空法师所云，"佛学"与"学佛"很不同，"佛学"可以研究，"学佛"是学佛的智慧做人，那就更不易了。由于我们的心性、悟性所限，本书的缺欠在所难免，诚恳地期待读者指正。

目 录

目　录

目 录

第一章　心包太虚　量周沙界

　　大乘经上说佛和菩萨的心量是"心包太虚，量周沙界"，意思是说他们的心胸肚量能够容纳整个宇宙，大千世界更不在话下。所谓"尽虚空遍法界"就是他们的心量。一个管理者，心胸有多宽，肚量有多大，他的水平就有多高，事业也就有多大。管理者的心量就体现为宽容，宽容是一种善，宽容是一种美，宽容是一种人性，宽容是一种胸怀和气质，宽容是一种深度与才能，宽容是一种睿智和明达，宽容还是一种修养、一种成熟，更是一种境界。

一、宽弘忍之道

佛学与管理学有密不可分的关系，当你的管理出现问题的时候，不妨换个角度，尤其在使用人才时，我们更应学会并具有佛学之宽宏大量的精神。

古时有一个乞丐，总是在寺庙的一个角落里静静地合掌念经，然后就去乞讨。每当有人施舍的时候，他总是面露喜色，不停地说："因缘！因缘！"即使别人不给，他也会说："因缘！因缘！"小孩子用石头打他，他也只是说："因缘！因缘！"别人指骂他，他依然说："因缘！因缘！"因此，人们称他为"因缘乞丐"。

晚上，他在别人的屋檐下过夜。一个寒风刺骨的晚上，一个路人因为天黑没有看见他，竟在他头顶上小解，乞丐醒来，喃喃地说："因缘！因缘！"

路人大吃一惊，不停地道歉。乞丐急忙说："不敢当，不敢当，都怪我睡错了地方，吓到了你，这也是你我的因缘。你向一个乞丐道歉，实在是让乞丐不安!"

路人被他深深地感动，并向他许诺说："只要我死在你的后面，我一定厚葬你!"

没过多久，因缘乞丐就在一户人家的屋檐下死去了。路人信守诺言，为乞丐举行了隆重的葬礼，然后将其火化。奇怪的事发生了，乞丐居然在火焰中获得了重生，他浑身散发着耀眼的金光，向路人说道："感谢你将我的肉身超度，剩下的东西算是给你的补偿。"然后就消失了。

后来，路人在乞丐的骨灰中发现了几十颗水晶般透明的紫色舍利子。原来乞丐是佛的化身。

佛说，能安忍之人，以安忍庄严其身，遇事皆能忍。安忍又是勤勉之人所必须具有的品德。能安忍的人，能得大福大乐。正所谓，你若能容下这个世界，这个世界也能容下你。这个世界是宽广的，你的心和它一样宽广，自然得大乐。

作为企业管理者，能以安忍之心去宽容员工，这是一个企业广招天下人才，充分利用人才的一个必要前提。

一个人心量广大，能容天下难容之事，既便他是个普通人，但也已变得不普通了。宽容是一个神圣的字眼，也是一个神圣的概念。宽容是一种善、一种美、一种人性，宽容是一种胸怀和气质，宽容是一种深度与才能，宽容是一种睿智和明达，宽容还是一种修养、一种成熟，更是一种境界。只有善良的心胸和慈悲的心灵才能拥有宽容。

自号"华严座主"，别名"拈花老人"的应慈法师就是这样一位宽厚待人的高僧。

一次，老居士窦存我，误听别人传言，结怨于应慈法师，竟闯入

一个人心量广大，能容天下难容之事，既便他是个普通人，但也已变得不普通了。宽容是一个神圣的字眼，也是一个神圣的概念。

他的房中，打了他一巴掌，当时应慈法师正在读经，这突然一巴掌，把他戴的帽子也打下来了。他一看是窦居士，一言不发，从地上拾起帽子，戴好了，继续看他的经书。这反使窦居士无法下台。

过了不久，事情弄清楚了，这位居士又登门谢罪，请求忏悔。应慈法师笑着说："不知不罪，知错认罪，难能可贵。"

宽容不是软弱，相反是力量、是魅力，是一种对于被宽容者的理解和体谅，是对个性的充分尊重。就企业而言，宽容是对利益的整体把握，是对共存原则的贯彻与实施。因此，企业管理者在探究用人之道时，万万不可忘记将自己塑造成令人赞佩的宽容者。

· 二、心量大，通通变大 ·

佛学博大精深，尤其是佛学义理中所具有的那种为人处世的态度，那种具有深厚东方文化传统的处世态度对于现代企业管理有许多积极意义。

一个管理者，心胸有多宽，水平就有多高，事业也就有多大。而事业之大离不开利用人才这一关键问题。

近年来，很多中国公司纷纷尝试国际化，国际化的难点是什么呢？现在大家公认还是缺乏国际化人才，而这一点恰恰体现了企业管理者在利用人才方面的心量是否广大。

所谓"心量大，通通变大"正是这个道理。一个公司走向国际化，其企业的内外部环境的确通通变大了，而走向这一光明大道的关键就是管理者要在用人上心量大。

众所周知，如今的联想集团总部设在美国罗利，在全球 66 个国家拥有分支机构，在 166 个国家开展业务，在全球拥有超过 26000 名员工，年营业额达 146 亿美元，成为一家在全球有重大影响的公司，这一成就首先源于联想管理者在用人方面的心量大。

联想 18 位高管中有 12 位是非中国籍的人士。现在一些日本公司在国外发展业务时，连当地公司的中层也由日本人担当，而联想却意识到企业走向国际化，必须要实现人才的国际化，要做到这一点，只有心量广大，包容一切，否则是无法实现的。其实，由于文化背景的差异，在联想内部冲突和问题也是不少的，但以"坦诚"、"尊重"为原则去解决问题，最终会有令人满意的结果。

心量大就必须"放下自我，去掉我执"，这对于成就一番事业而言实在是太重要了。胸襟开阔者，方能从逆耳之言中吸取教训，改正自己的过错。联想就是善于听取来自不同文化背景人士的意见，甚至使人感觉来自中国的管理者妥协更多一些，其实这正是心量大的显现，也是联想用人的成功之处。

历史上也曾有齐桓公上台后不计前嫌，重用管仲，终于在其辅佐下，成为春秋五霸之一。又如西汉开国元勋张良早年时从老者那里得到奇书，刻苦学习终成事业。试想老者三次故意丢下鞋子，如果张良当时稍稍狭隘一点，不理睬其言行，那本兵法奇书将与之无缘，他也

用
人
的
菩
提

不会成为赫赫有名的"汉初三杰"之一。还有与张良同时代的韩信，更是在众目睽睽之下，忍受"胯下之辱"，不与小者计较避过灾祸。在中国历史上，这类事例不胜枚举。

由此观之，古往今来，心胸开阔者方可成就大事业，心量广大，能包容各种人方可使自己的事业做大。

三、"度量"与"肚量"

宋朝释普济的《五灯会元》中说，有一位高僧名叫景岑，号"招贤大师"，他佛学造诣极高，讲法常常深入浅出、娓娓动听，所以各地时常请他去传道讲经。

一天，他应邀到一所佛寺讲经，一名僧人请他解答几个关于佛教的最高境界——十方世界的问题。为了说明十方世界究竟是怎么回事，招贤大师当场唱了一句偈语："百尺竿头不动人，虽然得入未为真，百尺竿头须进步，十方世界是全身。"意为如果道行的修养到了百尺竿头那样的境界却不再前进，那么虽然了得但还不是纯真；而即使是到了百尺竿子的顶端，也还是要继续深造，才能达到十方世界这一修行的最高境界。

虚云大师也讲，这时只有再一转身，才有可能继续前进。这里所说的"转身"，并非换个方法去修，而是指修到百尺竿头之时，绝对不能自满，也绝对不能中辍，需要继续地、仔细地去做，才会取得更大的进步。作为企业管理者，自满与不自满，其实就反映了一个"肚量"问题。

现在几乎某个领域或某个行业的带头人、领路人、掌舵人，都是清一色的科班出身，就其本质来说，具备了一定的"度量"或者较强的"度量"。

"度量"体现的是一个管理者的专业技术素质，而"肚量"则是体现一个管理者在思想、政治、大局、用人、管人、管事等诸方面的管理素质。许多现代管理者的"肚量"与"度量"相比往往是成反比的。

所谓"肚量"就是容人之量，就是不"老子天下第一"。在容人之量中又着重容才之量，容才之量的关键在于"容人之长、容人之才、容人之能、容人之强"。

容人之短易，容人之长、容人之才、容人之能、容人之强甚难。有的管理者宏观控制把握不住大局，而微观管理又不得要领或者不精细，却又舍不得放权，生怕大权旁落，冷了自己。

这种人还往往自以为是，听不进不同意见，听不进比他高明者的真知灼见，听不进比自己强的人的逆耳忠言，听不进能人的攻坚妙方，总认为自己比谁都高明，其实这正说明了是缺乏"百尺竿头须进步"的肚量。

在李嘉诚看来，在企业发展的不同阶段，企业管理者扮演的角色不尽相同；企业管理者下属的辅佐人才，在不同的阶段，亦不相同。

容人之短易，容人之长、容人之才、容人之能、容人之强甚难。

在企业创立之初，企业管理者最希望有忠心耿耿、忠实苦干而又能力极强的人才。企业管理者要看到自己能力的不足方面，要有胆量和肚量用能人。不要怕能人、强人对自己有"威胁"，因为企业初创是要靠能人智慧的，没有这种肚量，企业也发展不起来。

李嘉诚身边的盛颂声、周千和就是这样的人才。李嘉诚深谙用人之道，盛颂声、周千和能力极强又忠心耿耿，埋头苦干并且能够同甘共苦，因此，在创业之初，他对他们予以重用。

当时，盛颂声负责生产，周千和主理财务，他们兢兢业业，任劳任怨，辅佐李嘉诚创业，是长江实业劳苦功高的元勋。周千和回忆道："那时，大家的薪酬都不高，才百来港纸（港元）上下，条件之艰苦，不是现在的青年仔所能想象的。李先生跟我们一样埋头拼命做，大家都没什么话说的。有人会讲，李先生是老板，他是为自己苦做——抵（值得），打工的就不抵。话不可这么讲，李先生宁可自己少得利，也要照顾大家的利益，把我们当自家人。"

1980 年，李嘉诚提拔盛颂声为董事副总经理；1985 年，又委任周千和为董事副总经理。当时，有人说这是很重旧情的李嘉诚给两位老臣子的精神安慰。其实不然，李嘉诚委以重职又同时委以重任：盛颂声负责长江实业公司的地产业务；周千和主理长江实业公司的股票买卖。

1985 年，盛颂声因移民加拿大，才脱离长江集团。另一名元老周千和仍在长江服务，他的儿子也加入长江，成为骨干。正如李嘉诚所说："长江实业能扩展到今天的规模，要归功于属下同仁的鼎力合作和支持。"

肚量之大，还体现在李嘉诚运用外籍人才方面，更有其独特的见解，曾有记者问李嘉诚："你的集团，雇用了不少'鬼佬'做你的副手，是否含有表现华人的经济实力和提高华人社会地位的成分呢？"李嘉诚回答道："我还没那样想过，我只是想，集团的利益和工作确确实实需要他们。"

四、丢掉"有色眼镜"

从驰骋疆场的一名威武军官，到吃斋念经的佛门弟子，这是一条独特的人生之路。

能海法师俗姓龚，名学光，字缉熙。1886年腊月廿二，生于四川省绵竹县汉旺场。

庚子之乱后，清朝政府日益腐败，帝国主义列强加紧瓜分中国，激起每一个爱国男儿的热血沸腾。龚学光满怀青春热血，弃商从戎，考入四川陆军速成学堂，与刘湘、刘文辉等同学。

他刻苦攻读，成绩优异，毕业后被派赴康定镇守使署任侦察大队长，不到一年，就升任营长。1909年，被派到云南讲武堂任教练官。当时，朱德正在该堂上学。新中国成立后，两人在北京见面，朱总司令还追怀这段师生之谊。

1911 年武昌起义后，龚学光随着援川部队由云南回到四川，任第四镇管带 (营长)，在成都驻防，后任团长兼川北清乡司令。

1914 年，一个偶然的机会，他在成都提督街三义庙听佛源法师讲经，大为醉心，遂拜在佛源法师名下为弟子，开始认真研习佛法。

1924 年，龚学光在成都文殊院剃度出家，法名"能海"，剃度后即到新都宝光寺从贯一老和尚受具足戒。当时他 39 岁，一面学习戒律，一面积极准备赴西藏学法事宜，在康定跑马山的喇嘛庙学习藏文藏语。1928 年 5 月能海法师进藏，历时四个月，旅途备受艰辛，于 9 月抵达拉萨。到拉萨后即拜在著名大喇嘛康萨门下为弟子，在藏学习约十年之久。康萨对能海法师戒行精进，尤为赞赏，1940 年，把自己用的衣钵、法器和许多珍贵经典传给能海，这说明康萨已认定能海是继承他法流的承传弟子了。

于是，能海法师回成都近慈寺讲经说法。近慈寺道场也成为沟通汉藏佛教文化的中心。藏僧来成都，必朝近慈寺。能海法师建立译经院，自题门联云："通圣言而遍寰宇，导世界以趋大同。"

能海法师说法 49 年，影响遍及国内外。美国总统罗斯福曾致函请他去美国弘法，能海法师没有去。林森亲题"护国金刚道场"匾额，能海法师视之漠然。蒋介石曾派人邀请能海出任"国民参政会"的参政员，以后又邀他加入"陪都宗教联谊会"，他都毅然拒绝。能海法师不仅精通佛法，而且对政事很有见解，绝不随波逐流，图谋虚荣。

1966 年，能海法师在五台山碧山寺圆寂，享年 81 岁。

能海法师从军官到高僧的不凡人生，恰恰启示我们在选人、用人时切记不要戴"有色眼镜"。试想，能海从前曾为旧式军队的军官，杀人应是常事，当年如若康萨活佛戴着"有色眼镜"看能海，还能将衣钵传给他吗？能海还能成为大法师吗？

　　"有色眼镜"下的观人用人，正所谓"乱花渐欲迷人眼"，有两种极端表现，一种是一好百好，另一种是一坏百坏。这两种情况在企业中都是很常见的。

　　当戴上"有色眼镜"来看人的时候，我们就会发现有些人越看越"顺眼"，而有些人则越看越不"顺眼"。对于顺眼的人，我们会提供更多的机会和空间；对于不顺眼的人，我们会变得挑剔和苛刻。其实这些对员工个人来说都是不公平的，对企业发展来说也是不可取的。

　　作为一名管理者，当我们准备提拔或裁撤员工的时候，应该静下心来想一想康萨活佛选拔能海法师这一实例，正如我们在《般若品》里看到的，企业管理者用人时也要做到"心量广大，犹如虚空，无有边畔，也无方圆大小，也非青黄赤白。"一句话，丢掉"有色眼镜"！

五、"一切法，为治一切心"

　　佛说："一切法，为治一切心；若无一切心，何用一切法？"这里蕴含着一个道理，就是人都有疑心，如果没有把疑心管理好，怎么能以诚信待人呢？这里还是需要企业管理者要有肚量，尽量做到"用人

　　当戴上"有色眼镜"来看人的时候，我们就会发现有些人越看越"顺眼"，而有些人则越看越不"顺眼"。对于顺眼的人，我们会提供更多的机会和空间；对于不顺眼的人，我们会变得挑剔和苛刻。其实这些对员工个人来说都是不公平的，对企业发展来说也是不可取的。

不疑"。

此外，诸如成见、固执、愚痴等，都是心中的鬼怪，如果不好好管理，让心中藏污纳垢、百病丛生，又怎能用好管好员工呢？如果总怀着一颗怀疑的心来看待别人，又怎能取得成功、怎能受到别人的尊重呢？所以，企业在用人方面虽然有许多要点，但信任还是最为重要的一条。

有位企业管理者在谈到用人时说："信任是我用人的第一标准。"这句话很有见地。用人不疑，疑人不用。既然你选择了他，便不应怀疑，不应处处不放心，要相信他、尊重他。既然你怀疑他，便不要用他好了，用而怀疑，实际上是最失策的。

"用人不疑，疑人不用"是人们常说的一句话，它的大概意思是对感觉靠不住、没把握、不放心或认为有问题的人,不能使用；对感觉不错、认为可用之人，就放心使用、大胆使用,在使用过程中也不必有疑虑。还可以解释为怀疑人就不要用人，用了人就不要对人不放心。

在《容斋随笔》里，宋朝洪迈曾说，燕国上将军乐毅率赵、楚、韩、魏、燕五国军队攻破齐国七十多城，唯有莒 (今山东莒县)、即 (今山东平度) 二城存而不破，这是有一定目的和作用的。但有人却向燕昭王进谗言说这两座城不是不能攻破，这是他乐毅要长时间掌握兵权，在齐地威服民众，早晚要凭借这块地盘称王的。燕昭王不信这一套，说此人离间君臣，把他杀掉了，并且干脆按功劳封乐毅为齐王。乐毅不敢领受，誓死报答燕昭王的知遇之恩。

西汉末年，冯异为光武帝平定汉中，长年征战在外，很快落下心怀异志的罪名。恰巧有人上告冯异拥兵自重，笼络民心，要自立为"咸阳王"。光武帝不信这一套，把这人的奏章拿给冯异看。冯异大为惊恐，急忙上表请罪表白。汉光武帝力排众论，始终信任冯异，下诏书说，冯将军对国家和我来说，恩德如父子，有啥嫌疑，何必害怕呢？后人只知道乐毅、冯异是史上名将，然而如果不是燕昭王、光武帝用人不疑，委以重任使其成名，这两人怕是难逃谗言厄运的。

而像齐国田单、魏国信陵君、西汉陈汤、东汉卢植，三国邓艾、晋朝王浚、东晋谢安、后燕慕容垂、隋朝史万岁，唐代李靖、郭子仪、李光弼、李晟等等，这些人就没那么幸运了，他们虽然都是为江山社稷立下不朽之功的名将，却都被谗言毁名，丢官的丢官，放逐的放逐，有的甚至断送了性命。这正是昏庸寡德的君主听信谗言，用人又疑人的结果。

对企业管理者来说，要做到疑人不用，用人不疑，无外乎这几条：首先是要理解人、尊重人并充分发挥人的主动性和积极性；其次是要用多方位的眼光分辨此人是否真是有"疑"；再有就是要多听听周围人的意见，不要固执己见，经过仔细的观察后，再下结论；最后对人不要求全责备，得饶人时且饶人，因为人无完人，不要因一个错误就不再信任。

管理者要懂得尊重、包容，要拥有广大的"肚量"，善于换位思考，才能让员工心甘情愿地和企业荣辱与共，才能让员工信心百倍地跟随企业管理者去发展企业。

有些企业管理者用下层员工监督中层管理者，搞得中层干部人人自危，明知上司不信任自己，但为了不丢饭碗，只能处处应付，但求无大错，混过今年再混明年。源于这种不信任，我们可想而知企业能否搞得好了！因此，疑人不用、用人不疑也是企业管理者肚量大小的一个方面，对企业用人来说是不可忽视的一个重要问题。

管理者要懂得尊重、包容，要拥有广大的"肚量"，善于换位思考，才能让员工心甘情愿地和企业荣辱与共，才能让员工信心百倍地跟随企业管理者去发展企业。

六、心容刹那之变，也是肚量

　　四法印是佛教义理的重要内容，印是印玺，盖有国君印玺的文件有通行无阻的作用，法印就是"佛教的标记"。四法印是判定佛教真伪的标志，掌握了它，便能对一切佛法通达无碍。

　　四法印之一是"诸行无常"。"诸"是指一切事物和一切现象，指宇宙中的万事万物；"行"是迁流变动的意思，一切现象都是迁流变动的，所以叫做"行"；"无常"是指没有恒常不变的存在，没有一成不变的事物和现象。

　　"诸行无常"的意思是，宇宙的一切事物和一切现象都是此生彼生、此灭彼灭的相互关系，所以任何事物的性质都是无常的，表现为刹那生灭的。"刹那"是个极短的时间单位，佛经中说弹指一下的时间就有60刹那。据此我们可以理解到世间万物都是在变化的。

　　那么，企业管理者在用人方面也应该掌握这一"变"的基本法则，要将企业用人的问题放在一个"无常"变化的思维方式中去考虑，这样才能避免用人的长短错位。但是这里我们又强调企业管理者要有肚量能容下这个"变"字。不要小看这一个字，有多少企业管理者因为肚量小而没能容下这个字，最终导致企业走向末路。那么，与企业用人有关的"变"体现在哪里呢？

首先是员工能力的"变"。员工的能力是一个可变因素，有些人能够通过自身的努力和企业的培养，逐渐提升与工作相关的各项能力，而也有一些人不思进取，满足现状，实际他的能力是在下降的。

员工由于能力的改变势必会造成与其所从事的工作任务不相适应，如不及时进行调整势必会出现两种结果：一种是能力增强的人不满现状出现跳槽，企业辛辛苦苦培育起来的优秀人力资源出现流失；另一种情况是能力下降的人出现人浮于事、工作效率低下的状况。试想这样长此以往还能不对企业的发展产生不利的影响吗？这就是管理者在用人上不"变"的后果。

其次是工作任务的"变"。企业中任何人的工作都不是一成不变的，当工作任务变得相对简单或相对复杂，此时同样会出现人与工作的不匹配。这又需企业管理者讲个"变"字。

还有就是企业的发展，这里的"变"要求我们要总揽全局地考虑变量问题。企业在生命周期的不同发展阶段所表现出的特点是不同的，对人和工作任务完成的要求也是不同的。

在创业期，企业规模相对较小，对人和工作任务完成的要求相对较低；

在成长期，企业规模快速膨胀，要求员工个人的成长要能够与企业的成长相适应，对人和工作任务完成的要求也不断提高；

在成熟期，企业规模达到较大的稳定状态，对人和工作任务完成的要求也会达到一个相对较高的稳定状态；

在衰退期，企业规模会有所缩减，对人和工作任务完成的要求也会相应降低。

世界 500 强企业大都能按照企业发展的变化而在用人上适时变化，以用人之"变"来适应企业发展之"变"。

像李嘉诚在用人方面就能很好地把握这个"变"字。当企业日益走向国际化时，员工的录用就跳出黄肤色的华人圈，而增加录用白肤色、黑肤色的人才。李嘉诚认为在用人上的这种"变"很简单，就是根据企业发展的需要，别无其他。但其实这里还是需要企业管理者要有肚量容下这个"变"，否则，你是做不出像李嘉诚那样的人才战略调整的。

所以，对于管理者来说，最佳的方法是要动态地看待用人，根据出现的各种变化及时调整用人战略和策略，这样才能实现始终如一的用人之长。

七、道大，天大，地大，王大

"道大，天大，地大，王大。域中有四大，而王处一。"我国古代思想家老子这句话的意思是说，天地之间，只有人的胸怀最大，如果管理者用人大度，具备强烈的包容精神，就能够容纳各种人才，成就一番大事业。

历史上，成吉思汗统一了蒙古各部，推动了时代的发展。当时人心涣散的各部落之所以能够认同他的领导，与其广阔的胸襟有很大关系。

成吉思汗曾经和泰赤乌部有仇。一天，他带领下属外出打猎，正好遇到该部落的朱里耶人。大家都要求把对方杀掉，但是成吉思汗力排众议，要求善待他们。他说，现在大家没有相互为敌，为什么要残杀对方呢？他还拿出一部分收获的猎物分给对方。

此举令朱里耶人十分感动，他们牢记成吉思汗的胸怀大度，并向别人宣扬他的英明神武。此后许多人都来投奔成吉思汗，其中既有素不相识的人，也有他往日的对手。庞大的蒙古帝国的建立，自然得益于"一代天骄"的包容精神和广阔胸襟。

老子在谈到管理者应胸怀大度时，以江海来比喻，他说："江海所以能为百谷王，以其善下之，故能为百谷王。"意思是说江海处于溪、河的下游，汇聚了千百条溪河的水流，所以烟波浩渺。大海容纳百川，所以成就了自己的浩瀚。同样的道理，管理者要使企业发展壮大，必须具备包容、大度的胸襟，才能使各种人才归于自己门下，为我所用。

现代企业竞争最终都归结为人才的较量，为了保持战略优势，管理者不但要千方百计地搜罗人才，还需要以包容的精神容纳各种可以创造价值的员工。2004 年美国《财富》杂志"世界最受尊敬企业"电子行业的排名榜上，韩国三星电子跃居第四，成为行业新巨头。是什么塑造了三星的商业传奇呢？

三星集团中国总部社长李相炫对公司的成功有过一段精彩的描述："吸纳天才是我们的首要任务，为此公司善用'个性'人才，敢用奇才、怪才。"事实的确如此，三星目前拥有许多世界一流技术水平的"天才"员工和行业专家，正是他们撑起了三星这座大厦。

那些在特定领域兴趣浓厚、才能超众的人，被三星委以重任，而他们身上其他方面存在的缺点则被忽略不计。三星坚持在不同部门大胆任用多种类型的人才，甚至聘请有电脑黑客程序经验的人从事开发工作，吸收没有接受过正规大学教育的电脑组装高手为正式员工。

"有容乃大"，三星首先成为一家包容性非常强的公司，然后创造了新时代的商业神话。难怪杰克·韦尔奇参观完三星的人力开发院后感慨：三星已经走在了人才培养的前面。与其说这是一种优秀的人力资源管理策略，不如说这是一种具备包容精神的领导素养。由此不禁使人联想到了我国古代的齐桓公。

《淮南子》记载，卫国的贤人宁戚求见齐桓公，但是贫困的他夜宿在城门之外，齐桓公听到这件事，立刻出城迎接，并准备授予他官职。这时，群臣建议齐桓公派人去卫国查查宁戚的底细，齐桓公却不以为然，他说：宁戚是人所共知的贤才，即使有些缺陷和失误也不能抹杀他的价值，我只使用他的才华。

齐桓公对老子"江海所以能为百谷王"做了最好的注释。在用人方面，管理者一定要大度，具备包容天下贤士的广阔胸怀。

一位成功的企业管理者说，现代企业的竞争，要求管理者包容更多的人才，包括人才的缺点、不同寻常的经历等。通常，管理者的胸怀和视野决定了他在企业治理上能够走多远。这些话是很有道理的。

管理者的胸怀和视野决定了他在企业治理上能够走多远。

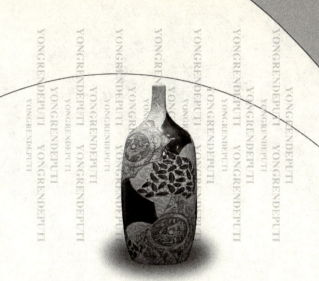

第二章　善知人智　能善任智

知人是善任的前提、保证，善任是知人的目的、结果。

人无完人，金无足赤。世界上没有不存在任何缺点的人，管理者懂得这个道理，就应该扬其长避其短，从沙子里面淘黄金，从矮子里面选将军。而不应该以"鸡蛋里面挑骨头"的心态去识别和选拔十全十美的"完人"。

客观事物的复杂性和人们认识事物的局限性决定了发现人才是一个较长的过程，所以，企业管理者在知人方面要力求"日观其德，月观其艺"。

管理者在用人时不仅要能看到有用之人的作用，还应看到"无用"之人的作用。前者相对于后者来说，实行起来更不容易，而真能做到后者才是大智慧。

· 一、先知人，后善任 ·

《佛经·生经》里讲了这么一个故事。一位渔夫有三个儿子，老大头脑聪明，名字叫"智慧"；老二心灵手巧，名字叫"工巧"；老三长得很漂亮，名字叫"端正"。一日，国王招贤，三个人兴高采烈地来到宫殿之上。

老大介绍自己的情况说，有个国家有两个大富商，关系本来很好，却为了一点误会反目成仇，多年不再来往。后来明知是误会，却碍于脸面谁也不肯先转弯。老大买了各种各样的礼物，到其中的一个富商家里去拜访，对这个富商说："我家主人派我来，把这些礼物送给您。主人说两家多年失和，责任全在我身上。主人希望与您见面谈谈。"这个富商以为老大是另一个富商派来的人，很高兴地说："我早就想和你家主人和解了，只是找不到合适的中间人。回去转告你家主人，我愿意跟他好好谈一谈。"

离开这家，老大又买了各种各样的礼物，到另一个富商家里去拜访，说了同样的话，这个富商也以为老大是另一个富商派来的人，心里很高兴，同意和解。

老大又为他们约定了会面的日子。到了这天，两个富商带着各自的家人聚集在一起，握手言和。谈话之中，大家才知道是老大化解了他们的怨仇。

老二介绍自己的情况说，有个国家的国王喜欢各种技艺，老二就用木头和其他材料制作了一个活动人。这个活动人的容貌和身材都与真人没有什么区别，还能唱歌、跳舞，声音、动作也与真人一模一样。老二带着活动人来到王宫对国王说："这是我的儿子，能歌善舞，在我们国家很受欢迎，赚了不少钱。"

国王见这个"少年"身材很优美，容貌很端正，身上穿着色彩鲜艳的衣服，显得非常聪明伶俐，就让他表演歌舞，自己和王后坐在亭阁里欣赏。"少年"向国王行礼后就载歌载舞地表演起来，歌声曼妙，舞姿优美，比真人还出色。国王和王后都十分高兴，赏赐给老二许多财宝。

老三介绍自己情况说，他游历过一些国家，所到之处的人听说来了一个世间少见的美男子，争先恐后地前往观看，到处有人请他吃饭，还把金银珠宝送给他。

在询问过他们的情况后，国王做出决定，任命老大为丞相，因为他聪明机智，可以很好地解决难题；让老二负责制造兵器，因为他心灵手巧，可以做出既有威力又实用的武器；派老三担任外交官，因为他举止端庄，容貌俊美，可以很好地代表国家形象。日后，这个国家慢慢繁荣起来。

这个故事体现了国王的先知人后善任。倘若他在事先不知道三个人的特长，那后面就不可能把三个人安排在那么恰当的职位上。如果把三个人的职位安排得互相颠倒，那就更麻烦了，肯定会出现事倍功半的结果。

因此，只知道知人善任是重要的还不够，作为管理者还必须要知道，知人是善任的前提、保证，善任是知人的目的、结果。也就是说，我们知人就是为了要善任，没有做到知人，也就不可能做到善任。所以，先知人，后善任，这个程序一定不能错！

二、坚车能载重，渡河不如舟

在我国民间有这么个传说："西邻有五子，一子朴，一子敏，一子矇，一子偻，一子跛。"西邻让老实的务农，机敏的经商，失明的算卦，驼背的搓麻，跛足的纺线，结果全家人衣食无忧。由此可见，扬长避短地使用每一个人，可以达到非常完美的效果。

"尺有所短，寸有所长"，这是常理。人也是这样，各有所长，也各有所短，关键是你怎么用。只要利用得当，短也可以变成长；反之，长则可能变成短。美国著名的管理学家杜拉克说："有效的管理者择人任事都以个人的才干为基础。所以，他用人的决策不在于减少人的短处，而在于如何发挥人的长处。"

如果能做到互相取长补短，扬长避短，精诚合作，发挥各人的长

"尺有所短，寸有所长"，这是常理。人也是这样，各有所长，也各有所短，关键是你怎么用。只要利用得当，短也可以变成长；反之，长则可能变成短。

处，就能成为一个能量极大的团队。从这个意义上说，管理者识人、用人的关键在于先看其长，后看其短。

晋代的葛洪在《抱朴子·务正》里说："役其所长，则事无废功；避其所短，则世无弃材。"这就是说，用人的长处，则凡事不会不成功；避其短处，则世界上没有不可用之材。

宋代的王安石也说过："善用人者必使有材者竭其力，有识者竭其谋。"

《晏子春秋》里更说到："任人之长，不强其短；任人之工，不强其拙。"概括起来，这些话都有一个共同的意思：用人的要诀就是发现人的长处，而不是找十全十美的人。

龟兔赛跑是一个很有名的故事，用以说明骄傲自满是前进的大敌。但不知人们在看这个故事的时候，有没有想过，这本来就是一场本不应该进行的比赛呢？

实际上，人都各有所长，硬是把不同类型的人拉到一起进行比赛，并没有多少积极的意义。作为管理者，千万不要把不同类型的人进行对比，否则，不仅毫无意义，还会挫伤员工的积极性。

本田汽车公司的本田与藤泽的合作，就是一个取长补短的绝佳例子。本田汽车公司的创立者本田宗一郎原本是一个汽车修理工。1928年，他独立开办自己的汽车修理厂；1934年，成立了东海精密机械公司，生产活塞环，主要卖给丰田公司等；1946年，他创建本田技术研究所，开始生产摩托车。本田很清楚自己的长处，即在技术方面有独特的优势；但也清楚自己在其他方面的不足，比如说不擅理财也不很懂得营销。于是，他主动联系到了一个负责销售和公司管理的合股人藤泽武夫。

1949 年，藤泽以常务董事的身份加入公司以后，本田就将公司的全部经营实权交给了藤泽，自己只埋头于技术开发，不断拿出技术先进而又适销对路的产品。藤泽不懂技术，但对资金调度、产品推销有着非凡的能力。得到藤泽，对本田来说真可以说是如鱼得水，两人相互取长补短，在绝对信赖的基础上，形成了绝佳的完美组合。

索尼公司的创办人之一井深大，用短短两句话道出了本田公司在成立初期得以飞速发展的最大动力："藤泽是一位使本田百分之百发挥才能的精明经营者；本田则是一位百分之百信任藤泽才华的幸运天才技师。"两人之间这种绝对信赖的关系，来自于双方坦荡的胸怀。

本田和藤泽性格完全不同，他们之间分工明确，几十年合作亲密无间，结果使本田公司成为名震全球的跨国集团。

因此，管理者在用人上一定要牢记这样的道理："骏马能历险，犁田不如牛；坚车能载重，渡河不如舟。"只有如此，你在用人时才能时刻抓住每一员工的长处，而避其短处。正如武功高手，不需名贵宝剑，摘花飞叶即可伤人，关键看如何运用。

三、凡所有相，皆是虚妄

汉朝益州刺史任安、京辅都尉田仁两人都是极有才能的大臣。原来两人都是大将军卫青的门客，卫青的管家看不起他俩，让他们去养马，田仁很生气地说："这个管家眼拙不识人啊!"任安说："大将军还不识人哩，何况是管家呢?"后来皇帝下诏书从卫青的门客中选拔人进宫入侍，正好是有名的贤大夫赵禹来办这件事。他把卫青门下的百十人都叫来，挨个问话，偏偏选中了这两个不起眼的人。卫青就上书推荐他们，汉武帝一见到两人就把他们留下了。

后来，田仁查到有三个郡的太守在管辖区内胡作非为，劣迹斑斑。于是他不顾忌这三人都是名门显贵之后，大胆向朝廷揭发了他们，三个太守最终都被下狱治死。

从这件事可以看出，汉武帝使用有才能的人是不以地位贵贱为根据的。所以汉武帝时人才云集，一派兴盛景象。与此相反，《三国演义》里的刘表，是一个选人只务虚名的典型。刘表从小就好与名士结交，和其他七人当时被称为"江夏八俊"。其实那七人也是徒有虚名，他们没能建立任何的功绩，在刘表死后两个儿子的争权变故中也没有什么作为。

刘表结交这样的"名士"，除了给头上增加几道"光环"，满足一下虚荣心外，没有任何用途，因此刘表也就成了"虚名无实"的假英雄，真草包。

可见，作为管理者，应该取其道而不取其人，务其实而不务其名。因为我们用的是才能，而不是什么出身、虚名。与才能相比，出身、学历、资历、名头都是不重要的。

禅宗五祖弘忍大师将衣钵传给慧能，也是看中他对佛教义理的极高悟性，而不论其砍柴为生的卑微出身，也未嫌其目不识丁。这也正应了佛家之言："凡所有相，皆是虚妄。"

● 四、识人莫以相为判 ●

大家都知道，我国汉地佛教寺庙里大都供有笑口常开的大肚弥勒佛像。相传他是五代梁朝时明州人，名契此。他整日袒胸露肚，开口常笑，出语无定，随处寝卧，终日奔走，肩背布袋。公元916年（后梁贞明二年），在岳林寺圆寂时口念一偈：弥勒真弥勒，分身千百亿，时时示世人，世人自不识。这时人们才醒悟其为弥勒佛的化身，从此以其形象塑造了弥勒佛像。这是一个对世人不要以相貌外表识人、取人的典型警示。

据《容斋随笔》载，我国唐代选拔官员的标准有四条：

第一，身。即身材健壮，相貌端正。

第二，言。即谈吐清晰，言辞有条理。

第三，书。即善于楷书，字体优美。

第四，判。即文词优秀，论说有根据。

凡是通过考试的，叫做入等，随即任命官职。

唐代以身体、相貌作为选拔官员的一条标准，不能不招致后人的非议。

既然把书法列为考试标准，所以唐人的楷书都很好；既然把判词列为标准，所以对判词都很注意，很讲究。这些判词必须是四六对仗的骈体文，官员们每写一份文件，通知一件小事，也一定要排列对偶的句子几十条才罢。现在看来，实为可笑。

以貌取人是很多人的通病，小人物自不必说，像曹操、刘备、孙权这样三国时代的三雄，也都有以貌取人的时候。最典型的是孙权和刘备对待庞统，曹操对待张松。

周瑜死后，鲁肃向孙权力荐庞统。孙权看到庞统生得实在不怎么样，再加上庞统并不怎么推崇孙权一向器重的周瑜，便认定庞统"狂士也"，"誓不用之"。鲁肃转而把庞统推荐给刘备。刘备见庞统貌丑，心中亦不高兴，就拿一个耒阳小县令打发他。后来，庞统演了一出好戏，其才能被张飞、刘备真正认识，终于得到重用。

就连知人善任、慧眼识珠的曹操也有看"走眼"的时候。张松暗带西川四十一州地图，千里迢迢来到许昌打算进献给曹操，曹操见张松"人物猥琐"，言语又多有冲撞，就把张松乱棒打出。刘备这才乘虚而入，得到了张松和他的西川图。所以难怪有人说，如果曹操在此没有以貌取人，而是礼待张松，三国的历史可能就要重写了。

其实在现实生活中，真正有才干的人往往不会很在意自己的外表；而只有才识不如人的人，才刻意地打扮自己，以弥补自身的不足。所以，如果仅以貌取人，有时候结果就是捡到鱼眼而漏掉了真正的珍珠。

大家都知道美国的斯坦福大学，这所大学的创建也恰恰是对以貌识人的有力批判。

当年，曾有一对穿着极普通的老年夫妇走到哈佛大学校长室门口，说是要见校长。

秘书看他们穿戴像农民，就对他们说："校长很忙呢!"

女士说："没关系，我们可以等。"

秘书于是就不再理他们，希望他们知难而退。但他们却一直就等在那里，秘书没了办法，只好通知了校长，校长也只好接待他们。

原来他们是想在哈佛校园里留一个纪念物，以纪念他们的儿子，他在哈佛读了一年书，但不久前意外死去了。

听他们这么说，校长就没好气地说："夫人，我们不能为每一个曾经读过哈佛的人都建立雕像。否则，哈佛就变成墓园了。"

女士说："不是雕像，我们是想捐一栋大楼给哈佛。"

校长实在不相信他们那个"土老冒"样子能有什么钱，就说："你们可能不知道建一栋楼要花多少钱吧?我们学校的建筑物可都是超过750万美元的。"

女士沉默不语了。校长心里也很得意，以为终于难住他们了。

可没想到的是，女士却转身对丈夫说："只要 750 万就可以建一栋大楼! 亲爱的，我们为什么不去建一所大学纪念我们的儿子呢?"

就这样，斯坦福夫妇离开了哈佛，到了加州，建立了斯坦福大学。

因此，企业管理者真是要细心琢磨一下佛教禅宗的又一名言："见一切相为心，离一切相成佛"。

五、日观其德，月观其艺

谁都知道能否知人是善任的基础，而知人善任又是决定企业管理成败的关键之一。然而，知人绝非易事。究其原因，一是客观事物的复杂性，作为一切社会关系总和的人，千差万别；二是人们认识的局限性，发现人才往往需要经过一个相当长的过程。所以，企业管理者在知人方面要力求"日观其德，月观其艺"。

大家都知道，历史上汉武帝在知人、识人方面应算是够仔细的了，但后人还是认为他在考察大臣优劣时，是得失各占一半，远没有达到完美程度。这有下面史实为证。

霍光臣事汉武帝时，只当了奉车都尉。武帝外出时，随车护卫；

武帝居于宫廷时，则侍奉左右。虽然因恭谨小心受到汉武帝的宠信，最初也很少参预国家大事。可是在武帝临终前，因被遗命托孤，霍光瞬间一跃而居百官之首，以大司马、大将军而成为首席执政大臣。

匈奴休屠王因屡败于汉军，匈奴单于欲诛之，就与匈奴昆邪王计划投降汉朝。后来休屠王反悔，被昆邪王所杀，昆邪王独自降汉。休屠王之子金日磾因为父亲没有投降汉朝而被汉朝罚作官奴，为朝廷养马。很久以后，汉武帝游宴时，发现金日磾养的马骠肥体壮，进而发现金日磾是个人才。顷刻之间，加官晋爵，日加宠信，以致托孤时任命为车骑将军，成为霍光的副手。两人都才能卓越，没有辜负汉武帝的重托。

然而，汉武帝遗命托孤时，除霍光、金日磾二人为辅政大臣外，还有左将军上官杰，御史大夫桑弘羊。上官杰、桑弘羊并不称职，甚至想加害霍光，如果不是汉昭帝英明，没听二人谗言反而及时除掉二人，那么，汉朝的社稷将有倾覆的危险。连汉武帝对上官杰和桑弘羊还看"走眼"呢，可见，知人、识人真是很难的事。识人方面比汉武帝更"走眼"的要算是汉哀帝时的宰相王嘉了。他的问题更严重，竟然错把奸臣当贤臣！

王嘉是汉哀帝刘欣的丞相，因为忠言直谏触怒了汉哀帝，汉哀帝将事情交给将军和朝中官员去评议。光禄大夫孔光为了讨好皇帝，就上书弹劾王嘉迷乱国政，蛊惑皇上，犯了乱国欺君的罪行，要求联合主管刑狱的廷尉共同审讯王嘉，得到汉哀帝的批准。

王嘉被捕下狱后，他对狱吏说，我身为宰相，而不能进用贤臣，黜退恶人，有负于朝廷，就是死了也推卸不掉罪责。

狱吏问王嘉所说的贤与不贤指何人？王嘉说，我所说的贤臣是指前丞相孔光，有才德而没能提拔任用。

王嘉死后，汉哀帝看到王嘉的奏章，想起王嘉在狱中对狱吏所说的话，就重新任命孔光为丞相。

王嘉入狱是因为孔光迎合汉哀帝的过错而造成的，而王嘉在死之前，还称赞孔光是贤才。王嘉因为忠诚正直而丢了性命，名声显扬一时，但在知人、识人方面却实在无法让人恭维。孔光的奸险邪恶是鬼神都唾弃的，他奴颜卑膝地侍奉董贤，谄媚附合王莽，是蠹蚀汉朝的害虫，怎么还能说他是贤才呢？

那么，怎样才能识才呢？首先，要全面历史地分析人。人是在一定条件下生活的，总会打上社会和时代的印记，管理者必须对人的社会环境、社会关系以及表现和才能做出全面、历史的分析。不能只看档案材料，只看一个时期的表现，只听一个方面的反映。

其次，要在发展变化中看人。人同世间万物一样，总是处在不断的发展变化中。因此，管理者要从动态的角度，在发展变化中看人。

第三，要通过实践识别人。实践是检验真理的唯一标准，也是考验人的根本尺度。管理者要善于从实践活动中发现、培养和检验人才。识别人才不能单凭印象和个人好恶，也不能只看学历而忽视能力，只讲文凭而不讲水平。

六、佛是金装，人非衣装

佛门常讲"佛是金装，人是衣装"。意思是说佛像的庄严要靠黄金来装饰，人的外表模样要靠衣饰打扮。最初此语是用来劝佛门弟子供养佛像的，后来民间用来强调衣着打扮对人的形象塑造的重要性。

当今社会，人们确实非常重视个人形象问题了，讲究不同职业、不同场合、不同个性、不同年龄在衣着打扮上的差异性。这是一种潮流，一种时尚，无可非议。但是，管理者在识人时，又不能被这种潮流冲昏了头，跟着跑。相反要以一种"不动心"去识那些逆潮流的人才，也就是那些不修边幅、不善装扮，甚至在衣着时尚的人眼里纯属"衣着不雅"的人才。

令人深思的是，这类人才，还往往是奇才！很多事实早已证明了这一点，不信，我们可以看看美国最大的轮胎公司掌门人菲利斯通是怎么慧眼识到这类奇才的吧。

一次，菲利斯通信步走进一家酒吧，他要了一杯威士忌一饮而尽。正当他起身要走时，忽听酒吧里传出一阵哄笑和嘈杂声，一会儿，一个喝得烂醉的青年人把裤子围在脖子上，摇摇晃晃地从里面走了出来。

一种压抑感在菲利斯通心头油然而生，他问酒店老板："这个人是干什么的？"

"做苦工的呗，一天赚的钱全部灌进肚子里去了。"

菲利斯通想，这人大概不是什么酒鬼，一定是有什么苦衷，心里特别难受才借酒浇愁的。他继续问那个老板："他经常这样吗？"

"经常，几乎天天是这样！"老板自言自语地抱怨说，"搞发明真是害死人了。"

"搞发明，难道他是一个发明家？他是发明什么的？"菲利斯通对这个醉汉的发明产生了兴趣，决心要探个究竟。

他走访了许多人，终于弄清楚这个人叫罗唐纳，发明了新式轮胎并获得了专利。罗唐纳拿着新式橡胶轮胎设计图样和专利证书，找到了正在开发新产品的橡胶巨子之一——史道夫，不料这次登门拜访却使他遭受了莫大的侮辱。史道夫轻蔑地看了一下他的图样，便随手抛到地上，诽谤他是个骗子，随便寻些破图纸来骗他的钱。罗唐纳气得泪流满面，说不出一句话来。他为了证明自己不是骗子，拿出了专利证书，不料，蛮横的史道夫不屑一顾，揉搓两下又塞给了罗唐纳，并扬言这是蒙土包子的，审查专利的都是些外行。

这次见面极大地刺激了罗唐纳的自尊心，他发誓以后再也不搞发明，跟任何人也不再提这件事。

这真是一件棘手的事。但无论如何，他是一个橡胶轮胎的发明家，菲利斯通下决心要去拜访他。

见面后，他微笑着说："你就是罗唐纳吧，我今天特地来拜访您。"

正在干活的罗唐纳看到这位不速之客，眼中露出了警觉的目光，淡淡地说："我跟阁下从来不认识，你找我有什么事？"

"我想跟您谈谈您的那个发明。"

一听"发明"二字，罗唐纳的气就上来了。"我没有什么发明，你认错人了。"

"是酒吧老板告诉我的。"

"没有就没有，你少跟我罗嗦!"罗唐纳气呼呼地走开了。

这让菲利斯通有些懊恼，但他很快宽容了这位沮丧的人。他想，一个有才能的人在受到打击后变得有些冷漠，这是很自然的。

菲利斯通再次去罗唐纳家，罗唐纳不在家，菲利斯通整整等了一天，他又累又饿，几乎支持不住了，但求贤若渴的心情支撑着他坚持等下去。

傍晚，罗唐纳终于回来了，菲利斯通喜出望外，正要迎上前去，突然眼前一阵恍惚，罗唐纳赶紧把他搀扶住。

"你感到哪里不舒服，菲利斯通先生？"罗唐纳的声音带着几分歉意。

"没什么，我已等了你一整天了，罗唐纳先生。"

罗唐纳被感动了。

菲利斯通按照罗唐纳的发明，制成了储气量很大而且不易脱落的橡胶轮胎，产品一问世立刻成了抢手货。罗唐纳的专利成了菲利斯通事业的推动力，菲利斯通的公司成为美国最大的轮胎公司。

这个故事说明，慧眼识人千万别受人的衣着外表影响。佛要金装很好，人要衣装也没错，但作为管理者，你要的是人的才能而不是别的，那么，应把那些"别的"放在什么位置，可大有学问啊!

七、智者应知无用的作用

《庄子》上说，人们都知道"有用"的作用，而不知道"无用"的作用。又说，只有知道了无用的用处，才可以和他谈论什么是有用。大地是非常广大的，人所使用的就是容纳两脚的地方，其余的并没有用。然而，把脚踏在地上，然后把脚周围没用的地向下挖掘，周围成了深渊，人必然胆战心惊无法立足。可见被挖的地似乎是没用的，其实大有用处。

这道理《老子》中也有论及，三十条辐集中到一个毂（即古代车轮中心轴穿过的圆木），有了毂中间的空隙，才有车的作用。

用鼓奏不出美妙动听的音乐，但没有鼓，美妙的音乐就不能完美。水没有五颜六色的色彩，但没有水，各种颜色便不能鲜艳。鸟飞行用的是翅膀，如果把它们的腿捆住，它们就飞不成。可见，有用和无用不能截然分开。这些所说的道理都是一个，即我们要看到无用的作用，要看到表面无用而其实有用。

因此，有大智慧的企业管理者，会看到企业的每一位员工都有他们的长处，问题是你是否具备慧眼。

在北宋鼎盛时期，京城开封各府司都有一些年老资深的书吏，这些人长时间做文书工作，都通晓行文事体，对各种典章故事使用起来得心应手。他们每遇到大臣学士写出草章，一定要细心阅读，若是发现有疑问和不恰当的地方，就马上报告。

宋徽宗年间，工部尚书刘嗣明，曾经写了一篇《皇子剃胎发文》。文中用了"克长克君"这样的话。翰苑有一个老书吏，看了以后拿着奏文去找刘嗣明，和他推敲这句话。

刘嗣明得意地说："这句话好啊！'克'就是'堪'的意思，是说能够成为人君和长者。是对皇家极好的赞颂呵！"

而这个老书吏却拱手劝告说："大人，皇宫中读文书可不像您解释的这么简单，最忌讳的就是话有嫌疑。'克长克君'一句听起来似乎是'既克长又克君'，这句话不能用吧？"

刘嗣明一听，心里边可真是一惊，赶快就向这位书吏致谢，即刻把这句话改过来了。

宋靖康年间，京都开封被金兵围困很长时间，经过多次战斗，部队的御敌器甲都破烂不堪，外援进不来，急需补充。有人告诉太常少卿刘钰："太常寺里有一大批祭服闲在那儿没用，为啥不拿出来补充部队呢？"

刘钰听说后就写了一份奏章要上奏朝廷。他把草稿交给一位老书吏誊写清楚。这位老书吏字写得又快又工整，平常从没出现过失误。刘钰要上马进朝，就等他写好送来。老书吏拿来奏折，刘钰发现少了两个字，让他更改重写。连续三遍这个地方也没改过来。

刘钰大怒："你这人怎么搞的?难道要让我教你不成?"

老书吏急忙上前行礼回答说："少卿大人，我怎么能不知道这个改动的地方呢?不是我故意这样做，我有点看法不一定对，您听听是这个道理不是。按照礼制，祭服器用破旧了就要烧掉。现在国家危急，当然可以不按常理来说。但是作为您这样身份的人，是不是应该按常规去办事呢?你固然是体谅国家的难处，但不如等上边发文来要时再说，这比您先失去大礼要明智。"

刘钰很佩服他的见解并接受了他的建议。以后和人论起此事来，常常对老书吏明察情理表示赞赏。其实，老书吏的建议很可能还使刘钰避免了掉脑袋的大祸呀!

管理者在用人时不仅要看到有用之人的作用，还应看到"无用"之人的作用。前者相对于后者来说，实行起来更不容易，而真能做到后者才是大智慧。

八、变废为宝与"变宝为废"

在企业管理中，管理者在用人上能够做到用人之长，即所谓"善任"，那就可以变废为宝。如若做不到"善任"，那就可能"变宝为废"。

曾有一位企业管理者（甲）抱怨自己的三名员工：一个是整天嫌这嫌那，对什么事都吹毛求疵；另一个是杞人忧天，老是害怕出事；还一个则是整天在外面闲逛。另一个企业管理者（乙）听到后，就对他说，如果你不喜欢他们，就让他们到我这儿来吧。

三名员工来到这家企业之后被重新安排了工作。喜欢吹毛求疵的人被派去做质量管理，害怕出事的人去做保安工作，整天在外闲逛的人去做产品宣传及推销。三名员工高高兴兴去做自己该做的事了。

不久，两个企业的管理者又碰面了，甲问乙那三名员工的情况，乙说："三人干得很好，正是有了他们，今年我们公司的盈利有了很大的提高。"

这里恰恰说明，企业管理者在用人上一定要用人之长，就是能"善任"，这就是变废为宝。反之，用人之短，将宝贝放错了地方，就成了废物，那便是"变宝为废"了。佛教典故里也曾警示人们：谁都不否认金子是宝贝，但是把它放在你眼里，你能好受吗？

再看历史，曹操被世人称为"鬼蜮"，说他心术奸邪，所以正人君子都贬斥他。忠奸曲直我们不用详说，可是他在用人上的"善任"之道，实在是值得我们学习的。

关中收复后形势不稳定，马腾、韩遂并未归心，曹操便派司隶校尉钟繇坐镇关中。马、韩二人就把儿子送到曹操手下，作为人质；

枣祗、住峻两个勤恳用心，曹操任命他们为屯田校尉，一时军国富裕；

任命卫觊镇抚关中，尽收官盐以壮国势；

河东（今山西西南）山头不去，早晚是害，派杜畿任太守，两个阴谋家卫固、范先束手被擒；

并州（今山西太原）刚刚平定，便派梁习出任刺史，从此边境安定；

扬州被孙权占据，独有九江还属曹操，便交给刘馥管辖，把那里治理得很好；

冯翊（今陕西大荔）常被盗贼骚扰，就派郑浑出马，立即民安寇灭；

代郡（今河北蓟县）乌丸三单于掠财敛资、放纵骄横，派裴潜上任，顺利地使单于敬服；

刚得汉中（今陕西汉中西），令杜袭督抚，百姓安乐；

马超军马刚投降又想叛变，派赵俨为护军威慑各部，因而东迁两万多人，做了合理安排。

这十件谋治方略，为曹操的统一起到很大作用，而这些谋略又何尝不是体现了曹操在用人上的"善任"大智慧呢？

事实还有张辽在合肥大败孙权；郭淮在阳平（今陕西勉县西）抗拒蜀军；徐晃在襄樊扼住关羽，这些良将都曾以少制多，替曹操独挡一面。曹操夷灭群雄、纵横天下，都是依赖手下能人的文治武功。

对于企业管理者来说，企业的用人之道在于"善任"，也就是用人之长。就是在了解和掌握员工的特点之后，将其合理地安排到相应岗位上工作，达到人尽其才的目的。

对员工来说，能够在工作中发挥自己的特长有利于工作业绩形成、工作信心树立以及工作责任感的建立，也有利于自身专长和能力的提高。

对管理者来说，准确发现和发挥员工的长处有利于培养员工成为工作中的得力助手，分担相应工作，使自己能够集中精力于更复杂更重要的问题。

对企业来说，能够实现人尽其才的工作局面不仅有利于资源尤其是人力资源的优化利用，也有利于企业管理水平的提升。

九、透过沉重的慈悲识人

当今很有影响的藏传佛教止贡噶举派盛噶仁波切九世活佛在论及人之父母时曾说，现世的父母是非常辛苦的，也是非常伟大的。如果你觉得人生没有意思，那么，他们养你这么大，他们的"意思"在哪里呢？

很多为人父母的，不是不知道抚养子女的苦，在很多时候，他们都是自己承担了苦，而给孩子快乐。他们的苦，不是面对前途的迷惘，而是实实在在的现实问题，比如要很辛苦地挣钱，要时刻担心，要为了孩子和家庭舍弃自己的很多利益，在儿女的埋怨、过错面前，还要无私地原谅、鼓励……而现在的孩子受了什么苦呢？无非是钱不够花，工作不顺心，或者是爱情上有些小小的挫折，都是一些小事情，怎么和父母相比呢？

如果一个年轻人在事业上有了挫折，想想你的父母，他们不会希望自己的孩子没有勇气和信心。如果一个年轻人想要片刻地放纵的时候，想想父母一辈子含辛茹苦的生活，他们可是省吃俭用了二十几年，你的记忆里有没有他们挥霍金钱的时候？如果一个年轻人对人生了然无趣，想想父母，他们的人生又何谈"有趣"？

"父母"二字，就是天下最沉重的词汇，它包含了太多，让每一个人不得不面对自己的内心。有多少人做了恶行，天不怕地不怕，可一提到父母就悔过得不行，这是为什么？因为每个人内心中都有一块柔软的地方，而这柔软的地方，是父母在撑着。想到父母的时候，我们都会觉得，应该为他们做些什么了。

这一想，就如同佛家观想佛的庄严妙好时，心里会不自觉地严肃起来，为众生发愿。所以说，"父母"二字是现世中每个人的愿心，是最沉重的慈悲。我们虽然有一时的不如意，但心中常常想一想父母，这对做事、做人都非常有好处。

这些话与知人、识人有什么关系吗？当然很有关系了！

我们看一个人对自己父母的态度如何，以及对自己家人如何，就可以知道他做事、做人如何。很显然，一个对父母不孝顺、对妻子不关心、对儿女不爱护的人，很难在一个公司里忠诚地工作、友好地与他人相处。

原日本西武铁道集团公司董事长堤义明曾经表示，自己在提升一个职员出任高级经理的时候，必须先见见他的夫人；如果把一个经理晋升为公司董事，就得连家里的孩子都叫来见一见。

在公司里面，员工出于各种原因会隐藏自己的锋芒和缺点，表现出领导所期待的优秀品质；而在家庭生活中，他们往往会彻底放松自我，人性的种种状况都会自然地呈现出来。所以，堤义明通过与员工家属的交流和沟通，就能从生活的小事中发现员工真实的个人品质。

识人是一门大学问，人们在不同场合通常表现出迥异的言行，其中既有交际与工作的需要，也有人性复杂多变的诱因。这种情况无疑增加了管理者科学、有效识别人才的难度，为此，通过家庭关系这种最基础最常见的社会关系来考察员工，不失为一个识人的妙法。

我国传统社会一向重视家庭的组织功能，《大学》视"家"为"国"之本，认为家庭道德是国家治安和社会道德风尚的根本。由此，它提出了"孝者所以事君也，弟者所以事长也，慈者所以使众也"的观点，意思是，对父母的孝顺可以用于侍奉君主；对兄长的恭敬可以用于侍奉长官；对子女的慈爱可以用于统治民众。

在家庭内部，一个人扮演着丈夫、儿子和父亲等多种角色，而公司也是一个与家庭类似的社会组织，个人身上承载着上司、下属等各种身份，领导者要考察一个人是否待人友善、具备团队意识，是否临危不惧、敢于承担责任，是否兢兢业业、对公司负责等，家庭关系是一个很好的窗口。

以小见大，个人道德品质上的瑕疵很有可能产生处理公务上的错误，成为拖垮公司的祸源。所以，企业管理者通过与员工家属交流和沟通，了解真实的个性与心理特质，达到正确无误地知人、识人就显得很有必要了。

识人是一门大学问，人们在不同场合通常表现出迥异的言行，其中既有交际与工作的需要，也有人性复杂多变的诱因。这种情况无疑增加了管理者科学、有效识别人才的难度，为此，通过家庭关系这种最基础最常见的社会关系来考察员工，不失为一个识人的妙法。

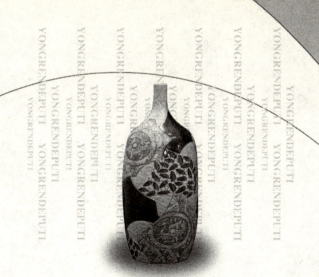

第三章 权的菩提 权的正觉

　　适可而止是权力运用的基本原则,忽略了这一点,就会导致权力的滥用。作为企业管理者,要经常有如履薄冰、如临深渊之感,常思贪欲之祸,常怀律己之心,常除非分之念。从佛学的角度来讲,管理者应当有一颗善心,一颗普度众生的心,一颗菩提心,远离贪、嗔、痴。只有这样,权力在你手中才会真正成为一柄造福四方、利益众生的宝剑。

一、用权莫忘持三戒

大家都知道，佛门出家修行的男弟子（比丘）要守 250 条大戒，女弟子（比丘尼）要守 348 条大戒，而一般不出家的佛门弟子（居士）也要守五戒或八戒。五戒即不杀生，不偷盗，不淫邪，不妄语，不饮酒。八戒即在五戒基础上再加三条：不睡坐高广华丽之床；不装饰、打扮及观听歌舞；不食非时食（正午过后不吃饭）。

据说，每个寺庙里的比丘每半个月就要集会一处，或齐集戒堂，请精熟律法的比丘诵读戒本，以反省过去半个月内的行为是否合乎戒条，如果有犯戒的，则应该在大家面前忏悔，使比丘们都能长住于净戒中，长养善法，增长功德。

佛门弟子从出家修行开始，就离不开这个"戒"。按照佛教戒律的规定：出家修行先要到寺院找一位比丘，请求他作为自己的"依止师"；这位比丘再向全寺院的僧侣说明情由，广泛征求意见；取得一致同意后，这位比丘方可收其为弟子，然后再为其剃除须发，授沙弥戒，此后这人便成沙弥了。

出家人至少七岁才能受沙弥戒，沙弥至20岁时，寺院住持、依止师经过僧侣的同意，召集十位大德长老，共同为他授比丘戒，才成为比丘。受比丘戒满五年后，才可以离开依止师，自己单独修行，云游各地，居住各寺院中。

至于女人出家，也同样要先依止一位比丘尼，受沙弥尼戒；年满18岁时，受式叉摩那戒，成为"式叉摩那尼"（学戒女）；到20岁时先从比丘尼，后从比丘受比丘尼戒。这样经过几度受戒后才能成为比丘尼。

我们说了这么多的戒，何为戒？所谓"戒"就是"绝对、坚决不能做"。

那么，戒与企业管理者手中的权力有关系吗？有！就其"绝对不能做"之意，就有很大关系。管理者在用权时往往也要有三戒：一戒以权谋私，二戒以权徇私，三戒以权泄私。也就是说，这三条企业管理者绝对、坚决不能做！

以权谋私，就是企业管理者用手中的权力为自己赢取暴利而不管员工的死活。佛教讲究普度众生，作为企业管理者，不仅要为自己的事业努力，而且要让自己的员工过上快乐富足的生活，让他们远离烦恼，而手中的权力就是一个工具。不仅要把企业赢利看作自己的事业，还要看作广大员工及家庭的福祉。权力也来自于员工的信任。

以权徇私，就是用自己的权力违法乱纪。这些年，一头"栽"倒在这种烂泥塘里的企业管理者大有人在。比如，北京通州有一处房地产项目，其开发商为北京一家房地产公司，该公司的法人代表、董事长利用权力为自己徇私，他利用公司的某次庆典活动，一次就将公司的32万多元据为己有，后被法院判了8年徒刑。

佛教讲究普度众生，作为企业管理者，不仅要为自己的事业努力，而且要让自己的员工过上快乐富足的生活，让他们远离烦恼，而手中的权力就是一个工具。不仅要把企业赢利看作自己的事业，还要看作广大员工及家庭的福祉。

以权泄私，是用工作上的权力去发泄私人的怨愤。这不仅违反职业道德，而且也是对权力的不尊重。这种情形在一些企业中也并不少见，此处无需赘言了吧。

　　其实，作为一个企业的管理者要看透一点，那就是你手中的权力，在某种意义上说，是为了利益"众生"。这种工作中的权力，是为了让众生更好地生活和工作，而不是剥夺众生的权利和幸福。为社会为民众办企业，这就是企业管理者的最高追求。那位被判刑8年的董事长开发的那个房地产项目，竟然使800多户业主比合同交房日期晚了两年半才拿到房钥匙，就这一点，他就没有做到利益众生。

　　有篇名为《权力运用》的文章总结了管理者在用权方面需要注意八个原则，其中第一条就是要谨慎用权。管理者虽然大权在握，但一定要谨慎用权，权力宁可备而不用，也不能以权谋私、以权徇私、以权泄私。这三条绝对不能做！对企业管理者来说，这就是用权上的三条"大戒"。企业管理者也应像佛门弟子严格"持戒"那样，在用权上好好去持这三条"大戒"。

二、适可而止，云淡风清

　　佛家有这样一个故事，话说有一次佛陀下山游说佛法，在一家店铺里看到一尊释迦牟尼像，青铜所铸，形体逼真，神态安然。佛陀大悦，心想，如果能把这尊释迦牟尼像带回寺庙中，开启其佛光，记世供奉，真乃一件幸事。可是店主见佛陀喜欢，要价5000元，而且分文不能少。

　　佛陀没有买，回到寺庙中，和众僧谈起了这件事情，大家都很着急，追问打算以多少钱买下它。

　　佛陀说："500元足矣。"

　　众僧唏嘘不止："那怎么可能？"

　　佛陀说："天理犹存，当有办法。万丈红尘，芸芸众生，欲壑难填，得不偿失啊，我佛慈悲，普度众生，当让他仅仅赚到这500元!"

　　"怎样普度他呢？"众僧不解地问。

　　"让他忏悔。"佛陀笑答。众僧更不解了。

　　佛陀说："只管按我的吩咐去做就行了。"

　　就这样，在一番安排下，众弟子纷纷下山去和店主侃价。

第一天，第一个弟子咬定 4500 元，未果回山。

第二天，第二个弟子咬定 4000 元不放，亦未果回山。

就这样，直到最后一个弟子在第九天下山，所给的价格已经低到了 200 元。

眼见着一个个买主来了又去，一个比一个价给得低，店主很是着急，每一天他都后悔不如以前一天的价格卖给前一个人。他深深地怨责自己太贪心了。到第十天时，他在心里说，今天若再有人来，无论给多少钱我也要立即出手。

第十天，佛陀亲自下山，说要出 500 元买下它，店主高兴得不得了——竟然反弹到了 500 元!

店主这次不仅出手卖了，而且还另赠龛台一具。佛陀得到了那尊铜像，谢绝了龛台，单掌作揖笑曰："欲望无边，凡事有度，一切适可而止啊! 善哉，善哉……"

这个故事说明了一个很简单但又是我们生活中很难处理好的事情，即：凡事都应有度，都应适可而止。管理者在用权上也应掌握好度，适可而止，切忌"过度"或滥用。而能做到这一点，还是要从心上解决。

古人常言心性的调适，在调整偏差，在适可而止。就像是张弓射箭，中鹄固然是希望，张弓则需恰到好处，二者把握得宜，全归调适之功。

因此，说"适可"在调理，言"而止"在稳定，也就是"量力而为"的行为，若修若养，若愿若行。

适可而止是权力运用的基本原则，如果忽略了这种适可而止，就会导致权力的滥用。它可能是权力的过度使用，也可能是权力在不应施展的领域的错误使用。这将会使管理者陷入"权力的泥潭"而难以自拔。

中国古时候有一个叫袁了凡的人，此人作官后，利用手中的权力，做了许多好事。他认为权力不可滥用，只能用来行大善，更益于善知善行，更利于将福报带给众人，权用到这儿，就是恰到好处，到此即可"而止"了。袁了凡的后人也世代为官，家族兴旺，他们都是遵守了袁了凡的用权适可而止的信条。袁了凡还留有四条家训——"立命，改过，积善，谦利"，称之为"了凡四训"。

其实，从古至今都是一样，作为管理者千万不可轻易炫耀自己的权力，更不可滥用权力，用权上不懂适可而止，必然给企业带来大乱子。

三、权力是一把双刃剑

有这样一个故事。

森林里的狼、熊、狐狸三大巨头结成了联盟，专门对付羊群，因此，羊群死伤惨重。

老领头羊不堪疲惫，郁闷而死。之后，一头年轻的羊被选为新的领头羊。年轻的领头羊对群羊说：我们邀请狼、熊、狐狸中一位来做我们的头领吧，我不是这个料。

年轻领头羊的话使群羊激愤：这不是把我们往火坑里推吗？

而听到这个消息的狼、熊、狐狸却兴奋极了，同时也开始暗暗盘算自己一定要争得这个头领。多大的好处啊，以后群羊就是自己的了，想怎么吃就怎么吃。

于是，三大巨头的争夺开始了。熊是最先下手的，趁狼不注意的时候，一掌过去，把狼拍死了。

狐狸很狡猾，在猎人挖好的树枝伪装的陷阱上躺着（因为狐狸比较轻，没有掉下去）佯装睡觉。熊悄悄逼近，一下扑上去，掉到了陷阱里。狐狸早就机警地躲开了。

三大巨头只剩下狐狸了，而此时的狐狸对羊群已经没有了任何的威胁，最后，群羊协作，把狐狸也干掉了。

此时，羊群终于明白了：其实权力是个陷阱！

权力不仅是个陷阱，它更是一把双刃剑！

从这把剑的正面来看，谁都不否认，权力是一种需要，一种造福百姓的工具，一种推动事业、实现理想的支点。有了它，你可以绘制人生的宏伟蓝图，可以为众生做更多有益的事情。因此，它可以使人崇高，可以利益众生。

从这把剑的反面来看，它又可以使人堕落，可以祸害众生。权力的不断增大，难免使人看不清现状。随之而来的过多的欲望则使人利欲熏心，失去自控甚至走向罪恶。

通常情况下，当人们获得了一点权力的时候，便急着想要得到更大的权力。于是便常常被贪心蒙蔽了思维，做决定的时候便欠缺理智。佛家有言：欲望是一切罪恶的根源。权力越大，欲望便越强烈，受到的诱惑就越多。

因此，作为企业管理者，要总有如履薄冰、如临深渊之感，常思贪欲之祸，常怀律己之心，常除非分之念。要知道，相对于员工来说你就是位高权重的，因此，你能不能正确运用权力是至关重要的。

实际上，管理者应当把手中的权力当作一种要求、一种职责，更是对自己的一种鞭策。

从佛学的角度来讲，管理者应当有一颗善心，一颗普度众生的心，一颗菩提心，远离贪、瞋、痴。只有这样，权力在你手中才会真正成为一柄造福四方、利益众生的宝剑。

四、学道易悟道难，酸甜苦辣自承担

星云法师说，你要学佛法，要参禅打坐，要念佛诵经这些都叫学道，学道是很容易的，而悟道就不那么简单了。作为手中握有企业大权的管理者，用权容易，权给了谁，谁都能用，但是用好权力，能悟出用权之道可就不那么容易了。

你要能成为真正意义上的合格管理者，只学不悟恐怕是不行的。

作为企业管理者，要总有如履薄冰、如临深渊之感，常思贪欲之祸，常怀律己之心，常除非分之念。

悟什么呢？就是要悟"权力是责任"这最重要的一条。管理者的权力其实正是你担当的责任。星云法师说："一个人对于自己所说的话、所做的事情要能负责，要能担当。能担当责任的人才能做领导人，不能担当就不能做领导人，所以我们要有担当的力量去负责。"因此，我们管理者的权力观其实就是责任观。

佛经里曾讲到一位国王舍身为鱼赈饥民的故事。

很久以前，有个国王名叫头罗健宁，他为人慈善，全国的百姓都很爱戴和信赖他。

有一天，天空出现了一颗火红的星星。这个星星和其他星星比起来，不仅要大得多，而且光焰万丈，灼热无比。据说，凡是有火星出现的国家，这个国家将要久旱不雨十二年。

很快，灾害降临全国。由于饥饿，死亡的老百姓一天比一天多。头罗健宁王心急如焚，愁眉不展。有一天晚上，他来到花园，烧上炉香，分别向东、南、西、北四方跪拜行礼，发下誓言："现在国内百姓饥饿无食，我愿捐弃我的身体，变成一条大鱼，用我身上的肉来救济世人!"说完，就爬到一棵大树的树梢上，闭上眼睛，向下一跳，顿时殒命。

头罗健宁王捐躯后，城边的大河中果然出现了一条硕大的鱼。这条鱼从头至尾竟有 4000 尺长。那天正好有五个木匠拿着工具到河边砍木头。大鱼便游过去对他们说："如果你们肚子饿了，可以割我的肉吃。回去后还请告诉国内的百姓，不管是谁，都可以到这里来吃肉!"

于是，木匠们拿斧子砍下五大块鱼肉，升起火来，烤熟后，好好地饱餐了一顿。

五个木匠回城后，把消息告诉了满城老百姓，大鱼的奇闻很快传遍全国，老百姓们扶老携幼，不断地到这里割鱼肉。说来也怪，这条大鱼见人来，先老老实实地靠过一侧，让人割肉；等一侧的肉割完了，再侧过身来，让人割另一侧的肉；等这一侧割完了，那一侧又平复如初，长出了新肉。

　　不久后，大鱼生活的这条河，已经快被人踏成了平地。这条大鱼待的地方，已由原来的郊野变成了热闹的市镇。全国百姓就靠这条大鱼度过了十二年的灾荒。年岁大的老人，凭着鱼肉，延长了自己的寿命；大旱之后出生的婴儿，吃着鱼肉长大，身体十分结实。不仅如此，凡是吃过鱼肉的人，个个变得心地善良，一心行善。

　　佛教故事里也讲到了一个不负责任的国王。

　　从前有个王国，生活丰裕，国民没有疾病，过着欢乐无忧的日子。

　　有一天，国王突发奇想，问群臣道："我听说有种叫祸母的东西，是什么呢?"群臣回答说："这种东西我们也不曾见过。"国王就派了一个大臣去寻访祸母。

　　天神化做一个人，在集市中卖祸母，祸母的形状像猪，用铁锁紧紧拴着。

　　大臣走上前去问："这是什么?"天神答道："祸母。"

　　大臣心想，这不就是国王朝思暮想的吗?于是问道："多少钱?"天神回答："千万的价钱。"

　　大臣看了看问："它平时以什么为食物?"天神答："每天吃一升针。"

　　买回祸母后，大臣便在民间遍访求针。于是国民见了面就相互问有没有针。说来也怪，派去寻针的人所到郡县就会引起混乱，祸患无穷。

最后国王只得命侍卫将祸母拉到城外处死，可是祸母却刺不死，砍不伤，用棒打也打不死。用火烧它，它身体红如火，过街烧街，过市烧市，进城烧城。于是整个国家大乱。其实这一切都是这个不负责任的国王闲极无聊买祸所致！

由此可见，悟出权力是责任，并担当起这一责任，对于一个企业管理者来说，确是"头等要务"，对于一个企业来说也是兴衰成败的关键呀！

五、岂能千手千眼，更无三头六臂

近几年，以残疾舞蹈家邰丽华为首表演的舞蹈《千手观音》通过春晚和残奥会的舞台，享誉国内外。为了准确表现舞蹈的内涵，舞者们还要学习中国佛教的精神和意境，练习打禅冥思。看来，《千手观音》正在成为世界性的经典剧目，并以中国佛教文化特有的柔美影响世界。

千手观音，全称千手千眼观自在菩萨，据说其能随意自如地观见一切众生，满足众生的一切愿求，这是一位神通广大的菩萨。

可是回来看我们世人，莫说千手千眼了，就是三头六臂我们也没有啊！因此，作为企业管理者，就不要把权力捆在自己身上，这是苦啊！这样就不会有开心，不会有舒心，不会有顺心。

有些企业管理者，对于自己权力内的事务，事无巨细不分主次地管理。由于事事亲历亲为，过度操劳，早早地就患上了各种疾病，有的甚至英年早逝。这种将权捆于自身的做法之恶果，不仅是让自己身心俱疲，还会使做事的效率大大降低，下属也会抱怨连连。让有能力的人，没有活力，没有创新，只能做听命的机器，你的事业也就不会长久了。

其实企业管理者完全可以把任务分解授权给属下，自己只做应该做、必须做的大事。要明确授权不等于放弃，而且授权也是适当授权，绝不是当"甩手掌柜"的。这样会使工作更富有效率，更为完善，也为自己留出一些时间，真正属于自己的时间。

因此，企业管理者要能体会到，我们既没有千手千眼，也没有三头六臂，每个人的精力、能力都是有限的，那么我们一定不要把权力死死抓住不放，死抓"权力之绳"的人，就有可能最终被这根绳子拖死。

有这么一个故事，讲的是一位一心一意想要登上世界第一高峰的登山者。在经过多年的准备之后，他开始了自己的旅程。由于他希望完全由自己独享全部的荣耀，所以他决定独自出发。他开始向上攀爬，但是时间已经开始变得有些晚了，然而，他非但没有停下来准备他露营的帐篷，反而继续向上攀登，直到四周变得格外的黑暗。

此时，云层遮挡住了星星和月亮，登山者所面临的是一个伸手不见五指的环境，但是他一点都不恐惧，继续向上攀爬着。就在离山顶只剩下几米的地方，他滑倒了，并且高速地跌了下去。跌落的过程中，他仅仅能看见一些黑色的阴影从眼前、耳畔迅速滑过。

就这样，登山者不断地下坠着，在这极其恐怖的时候，他一生的各种场景，也一幕幕地飞速在脑海中闪现。

突然间，他感到系在腰间的绳子，重重地拉住了他，整个人被吊在半空中……

在这种上不着天，下不着地，求助无门的的境况中，他本能地大声呼叫："上帝啊，救救我!"

突然间，天上有个低沉的声音回答他："你要我做什么?"

登山人大叫："上帝，救救我!"

"你真的相信我可以救你吗?"上帝问。

"我当然相信!"登山者回答。

"那就请你把系在腰间的绳子割断。"上帝不动声色地回答。

在短暂的寂静之后，登山者决定不采纳上帝的建议，继续全力抓住那根救命的绳子。

第二天，搜救队发现了一个冻得僵硬的登山者，他的遗体挂在一根绳子上，他的手紧紧地抓着那根绳子，在距离地面仅仅几米的地方……

可见，企业管理者如若过分依赖于手中的那根权力绳子，该松手时，你不愿意松手，后果实在是有些"作茧自缚"的味儿了。

若你常说"我时间不够"，这说明你可能有些应放的权力还紧握着没放。任何事物都应辩证地看，放权可以使你自己、部属及公司获益;放权可以使员工建立自信、减轻压力。放权并不是说管理者什么都不管，而是把自己从事务性、常规性的工作中解脱出来，有更多的时间与精力关注、开拓新的领域，构思企业未来的发展战略。事业有长足的发展，权力才会变得更加稳固。这就是有舍才有得的道理，放开手你会得到更多。

喜欢把一切事揽在身上，事必躬亲，管这管那，从来不放心把一件事交给手下人去做，这样的人并不少见。他整天忙忙碌碌不说，还会被企业的大小事务搞得焦头烂额。所以，企业管理者还是适时地丢开手中那根权力绳子吧，不必事事追求完美无缺。有诗云："终日寻春不见春，芒鞋踏破岭头云。归来偶把梅花嗅，春在枝头已十分。"这也是我们对放权思考的一种境界！

六、六祖慧能与有效发布命令

一个管理者要能在企业挥洒自如地给员工发布命令，高效指挥企业员工，首先，就需要管理者有较高的悟性。"悟"字的"心"是竖起来的心，这个心对于某些人来说，可能是终其一生而迷茫。

我们都知道慧能成为禅宗六祖就是因他有超常的悟性。在慧能入寺八个月后的一天，五祖弘忍命寺内弟子每人呈上一首偈语，选择继承人。但慧能没资格参加，因为他只是干杂事的。神秀是众僧中的上座和尚，他在佛堂的南廊写下一偈："身是菩提树，心如明镜台，时时勤拂拭，勿使惹尘埃。"弘忍见到此偈后漠然不语，慧能闻声来到廊下，也作一偈："菩提本无树，明镜亦非台，本来无一物，何处惹尘埃。"第二天弘忍把慧能叫去，为慧能讲经又把世代相传的法衣传给他。

从故事中我们看到，弘忍之所以选慧能为继承人，正是看到了他过人的悟性。那么联系到一个企业的用人问题，管理者要想有效地发号施令，你自己就必须深谙用人之道，对如何选择最佳时间、最佳方式、最佳场合来发布命令等也要有很高的悟性。如若不然，发布的命令不但毫无效果，甚至命令本身就是错的。这里强调悟性是指你不要以书本及别人的做法为准，而是在你的用人实践中，内心体会到的、最适合你的有效发布命令的技巧。这些绝对是需要悟而不是学的。

另外，慧能曾大胆破除佛祖的权威，不承认有所谓外在的佛，认为佛就在我们每个人的本心中。这一点也启示我们，不要认为权力只属于管理者，要有效地发布命令就要给予员工充分的自由，也就是在发布命令的同时也要给予部下充分的权力。

在日常企业管理中，经常会发生这样一幕：一个经理在会议上布置一个任务，但他为了强调自己的权威，就对任务的各个细节说得面面俱到，对完成任务的方法都加以各种限制、监督，甚至规定好了路数，不给部下一丝灵活机动的权力，部下就只好屈从于经理的权威去做事，其实这样束缚了员工的思想，反而对工作不利。这就好比佛教信徒过分看重佛祖的权威，而忽略了自身的佛性，从而束缚了自己的悟性。

企业管理者应该学习慧能，不但不过分强调自己的权威，反而主张打破自己的权威。在发布命令的同时给予部下充分的独立自主的空间，一群部下集思广益的方案可能要强于经理一人的思考。如此发布命令一定会让命令在一个最优、最高效的轨道上得到实施。

　　慧能的其他一些主张也有利于企业管理者有效地发布命令，比如他主张平常心。这就是说管理者要想有效发布命令，就要有一个平静的、"空"的心，不能让一个命令就把整个企业搞得鸡犬不宁，更不能因为某个重大命令的发布把自己弄得进退两难。发布命令的同时也要做好承担后果的准备，处变不惊，以不变应万变。

七、泰山之重与鸿毛之轻

　　星云法师说，回想自己一生当中，因为能以"你重要，他重要，我不重要"的观念来待人，不知给了多少人以希望，多少人以欢喜。

　　事实上，许多能力非常强的企业管理者，却因为总觉得什么人都不如自己，在企业中只看到自己是最重要的，看不到别人的重要，最后自己也成不了优秀的管理者。因为你看不到别人的重要，也就妨碍了你授权、放权给别人。这在用权方面是一个观念问题，是一个智慧问题。

真正优秀的管理者，最重要的是要懂信任，懂放权，懂珍惜，懂选择，管理并团结自己的下级，就能更好地使用在某些方面比自己强的人，从而使自身的价值也通过他们得到提升。而能做到这些，一定要有"你重要，他重要，我不重要"的观念，否则是不可能的。因为他重要，你才选择他；因为他重要，你才珍惜他；因为他重要，你才信任他；因为他重要，你才授权他。可见，你如果不认为别人重要，你还能把权力交给他吗？此时，一定是见他人都是泰山，识自己如同鸿毛！

水泥，大家都熟悉，搞建筑用。建造高楼大厦、桥梁遂道，都要用到它。但光水泥够吗？不够。还要什么呢？还要加上黄沙、石子、钢筋。请问黄沙本性如何？一盘散沙。那石子呢？有棱有角。还有钢筋，个性强硬。三者"六亲勿认"，怎么办？别急，有水泥在，它能凝聚散沙，团结石子，拌成混凝土，然后紧握钢筋，把它们牢牢地凝固在一起，团结一致，建大厦，造桥梁，筑水库，修高速，共同创造了伟大事业。而管理也是一样，企业管理者好比水泥，要看到黄沙、石子、钢筋也是重要的。没有它们，只靠水泥什么也建不成。正因为有三者的存在，才显出水泥的重要。若没有三者的重要，也就没有了水泥的重要。

因此，"你重要，他重要，我不重要"（不是自己真不重要），这一观念是强调，只有先看到"我不重要"，才能看到"你重要，他重要"。

其实，授权就是企业管理者必须修持的"孙悟空"式分身术。它是激活企业巨大能量的真正源泉，能使企业的干部员工感受到激励和充满希望，能进一步提高士气和忠诚度，稳定队伍。

同时，我们在"授"之前还要搞清"取"的问题，既然能够"授"，就要保证也能"取"。权力是与个人能力完全等同的，多大的能力赋予多大的权力，多大的能力就应该取得多大的权力。

总之，谁说自己有"天上晓得一半，地下晓得全盘"的"水平"，都是说大话。企业管理者，是要管头管脚 (指人和资源)，但绝不能从头管到脚。要以聪明的方法，适当的授权，去做一个明智的管理者，做一个轻松的管理者。

八、少言不易，忘言难得

曾经有个小国派使节到大国去，进贡了三个一模一样的金人，精美无比，把大国皇帝高兴坏了。可是这小国使节并不厚道，同时出一道题目：这三个金人哪个最有价值？

皇帝想了许多的办法，请来珠宝匠检查，称重量，看做工，都是一模一样的。怎么办？使节又催说，我们的国王还等着我回去汇报呢。泱泱大国，不会连这个小事都不懂吧？

最后，有一位老臣说他有办法。

企业管理者，是要管头管脚 (指人和资源)，但绝不能从头管到脚。要以聪明的方法，适当的授权，去做一个明智的管理者，做一个轻松的管理者。

皇帝将使者请到大殿，老臣胸有成竹地拿着三根稻草，插入第一个金人的耳朵里，这稻草从另一边耳朵出来了，第二个金人的稻草从嘴巴里直接掉出来，而第三个金人，稻草进去后掉进了肚子，什么响动也没有。老臣说：第三个金人最有价值！使者默默无语，答案正确。

这个故事告诉我们，最有价值的人，不一定是最能说的人。老天给我们两只耳朵一个嘴巴，本来就是让我们多听少说的。我们一定要学会多听少说。

林肯洗耳倾听的"民意浴"也是很典型的例子。他在白宫的办公室，门总是开着的，任何人想进来谈谈都受欢迎，林肯不管多忙也要接见来访者。正是他的"多听"缩短了他与人民的距离，加深了彼此的感情，激发了人民参与国是的主动性和积极性。

现今社会的整体性、复杂性、多变性、竞争性，决定了管理者单枪匹马是肯定不行的。面对纷繁复杂的市场，任何企业管理者都难以时时作出正确的判断，制定出有效的决定方案。因此，管理者放下"自我"，学会在沟通中倾听部属的意见是非常重要的。这也是用权上的一种智慧。

能够倾听下属意见，也是你成为一个成功管理者的有效途径，所以说，好的管理者通常也是最佳的倾听者。

事实上，对于下级来说，上级对他喋喋不休的命令与唠叨只会增加他内心的反感，从而失去工作积极性。而且长此下去，下级也只是会按照领导的意思做事，不管上级命令的正确与否。因为他知道上级是不会接受下级建议的，与其招来上面一顿骂，还不如乖乖照做，反正自己也不吃亏。这种情形真正受到损失的只有企业本身。

一位擅长倾听的管理者能通过倾听，从同事、下属那里及时获得信息，并以此作为决策的重要参考，还能通过倾听及时发现他人的长处，并创造条件让其积极性得以发挥。因为倾听本身也是一种鼓励方式，能提高对方的自信心和自尊心，加深彼此的感情，因而也就激发了对方的工作热情与负责精神。对于一个企业管理者来说这不正是需要的吗？

玛丽·凯是美国最成功的企业界人士之一，她的公司拥有 20 万职工，每个员工都可以直接向她陈述困难。她也专门抽出时间来聆听下属的讲述，并做仔细记录。对于下属的意见和建议，玛丽·凯也十分重视，并在规定的时间内给予答复。

在很多情况下，倾诉者的目的就是倾诉，或许他们并没有更多的要求。日本、英、美等一些企业的管理人员常常在工作之余与下属职员一起喝喝咖啡，就是让部下有一个倾诉的机会。正是他们的倾听使员工愿意说出自己的建议,你不能否认这其中会有有用的建议。

需要说明的是，作为企业管理者，能够真诚地倾听，这本身就是一种积极的态度，它能传达给他人的是一种肯定、信任、关心乃至鼓励的信息。所以，我们说"忘言难得"，就是强调自己"忘言"而能够真诚倾听别人之言的难得。

第四章　功夫在心　劳身不劳心

　　少林寺僧人说功夫在心。禅学修心，武功修身，但这一切的一切又都不能执著，不执著，就可劳身不劳心。释永信方丈就说，每年六分之一的时间他都在满世界跑，少林寺内的事务也很多，但他不累，就因他劳身不劳心。这种"特功"，也是企业管理者需要自我修炼的。所以，要管好人、用好人，还不觉得累，那就要练好这种特殊内功！

一、"有"和"无"的辩证法

作为管理者，怎样才能做到轻松自如地用人，不觉得累，"不劳心"？其实无非是把握好两个字："有"、"无"。无中生有，有中又无。世间处处都是既有又无，说无又有。拥有财富的人却无一个美满的家庭，没有财富的人可又有一个快乐的家庭。有的管理者天天从早到晚在企业里忙个不停，好像企业一时一刻都离不开他，但一些员工却照样我行我素；而有的企业，管理者经常东奔西走，不管他在与不在，员工的工作状态却始终如一。这就是我们讲的"既有又无，说无又有"的道理。前者企业天天都"有"管理者，其实跟没有一样，管理者是又劳身又劳心；后者企业员工经常见不到管理者，反倒像管理者天天都在大家眼前，人家就是不劳心，不劳心就不累。

大家都知道，体力劳动者干一天活儿，睡一觉体力就恢复，而脑力劳动者就不同了。为什么？因为你劳的是心，人家劳的是身。明白这一点，我们再谈"不劳心"就容易理解了。企业几百人、上千人或上万人，用好这些员工谈何容易！管理者怎能不累呢？但是，大智慧的人就是可以做到轻松自如、超脱有余。其实说不劳心，不是说管理者真不用心去管理员工，而是说管理者不用在内心对人的问题过于执著，因为只要你一执著，就会感到这事让某人去办也不合适，让另一人去办也不放心，那就只有你自己累心了。

少林寺方丈释永信一年六分之一的时间都在世界各地东奔西走，他率团访问过德国、俄罗斯、美国、新加坡、巴西、英国、西班牙等许多国家，而拥有几千名和尚的少林寺一直是井井有条地运行，这就是管理者不劳心的效果。当然出家人做到不执著可能比世人容易，但是，管理者要能轻松应对用人方面的各种问题，还真是要像释永信方丈那样不劳心才行。用人上做到不执著，说白了就是管理者别心里自己跟自己较劲，你心里放不过众员工，其实是没放过你自己。这样岂有不劳心、不累心的？

作为一个企业，要管理的事很多，而用人又是一个关键、核心的问题。要把用人当成一门艺术活儿来干，什么事大事小，过得去过不去，没有客观标准，用人重要是"用"，用了就比不用好，你能用的人越多就越好，不去执著于在世俗眼光下用人的那些是与非，这样就会不劳心、不累心。孔子讲"仁者不忧"，其实在用人上也可以叫"智者不忧"，像释永信方丈的不劳心就是智者。从佛学的角度看，智者就是看问题的角度与世人不同，他有独特的视角，这个视角就是对一切事都不去费神执著地劳心，在用人上只管从容地去用。

这一点，著名学者于丹在讲《论语》时说过一个故事。在日本古代，曾有一位不会武功的茶师为防身也挎上一把剑扮成武士模样，被一浪人在街上碰见，向他挑衅说要与他比剑。茶师说，我不懂武功，只是个茶师。浪人说，你不是一个武士而穿着武士的衣服，就是有辱尊严，你就更应该死在我的剑下！茶师一想，躲是躲不过去了，就说，你容我几小时，等我把主人交办的事做完，今天下午我们在池塘边见。浪人想了想答应了，说那你一定来。这个茶师直奔京城里面最著名的大武馆，他看到武馆外聚集着成群结队前来学武的人，茶师分开人群，直接来到大武师的面前，对他说，求您教给我一种作为武士的最体面的死法吧！大武师非常吃惊，他说，来我这儿的所有人都是为了求生，你是第一个求死的。这是为什么？

　　茶师把与浪人相遇的情形复述了一遍，然后说，我只会泡茶，但是今天不能不跟人家决斗了。求您教我一个办法，我只想死得有尊严一点。大武师说，那好吧，你就再为我泡一遍茶，然后我再告诉你办法。茶师很是伤感，他说，这可能是我在这个世界上泡的最后一遍茶了。他做得很用心，很从容地看着山泉水在小炉上烧开，然后把茶叶放进去，洗茶，滤茶，再一点一点地把茶倒出来，捧给大武师。大武师一直看着他泡茶的整个过程，他品了一口茶说，这是我有生以来喝到的最好的茶了，我可以告诉你，你已经不必死了。茶师说，您要教给我什么吗？大武师说，我不用教你，你只要记住用泡茶的心去面对那个浪人就行了。

　　后来，这个茶师在比武时，一直想着大武师的话，就以泡茶的心面对这个浪人。只见他笑着看定了对方，然后从容地把帽子取下来，端端正正放在旁边；再解开宽松的外衣，一点一点叠好，压在帽子下面；又拿出绑带，把里面的衣服袖口扎紧；然后把裤腿扎紧……他从头到脚不慌不忙地装束自己，一直气定神闲。对面那个浪人越看越紧张，越看越恍惚，因为他猜不出对手的武功究竟有多深，对方的眼神和笑容让他越来越心虚。等到茶师全都装束停当，最后一个动作就是拔出剑来，把剑挥向了半空，然后停在了那里，因为他也不知道再往下该怎么用了。此时浪人扑通就给他跪下了，说，求您饶命，您是我这辈子见过的最有武功的人。

其实，是什么样的武功使茶师取胜呢？就是心灵那种从容、笃定的不执著。试想当他一开始执著于会不会武功和与浪人比剑术输赢时，他只有死，而当他不执著这些问题了，不再为此费神劳心了，他反倒是那么从容地成了赢家。因此，我们说管理者在用人问题上要不劳心就是这个道理。

二、想要不劳心，提升领导力

管理者要在用人上能够不劳心，那就要设法提升自己的领导力，这样才能统领员工，用好、管好员工，在商海中战无不胜。人们常常把出色的领导人比喻为"舵手"、"旗帜"。拿破仑带领法国军队横扫欧洲大陆，丘吉尔重振英国人的精神，都是对"领导力"的最佳注脚。尽管现代企业发展越来越让位于科学的管理制度，但是一个企业的重大变革仍然需要具备强大领导力的人物出现。

西汉末年，外戚王莽篡夺皇位，不久"复兴汉朝"的起义爆发了。在起义队伍中，刘秀的队伍由小到大、由弱到强，最后实现了统一中国的大业。分析其中的原因可以发现，这与刘秀出色的领导力密不可分。

为了镇压起义军，王莽派王邑、王寻率兵平定嵩山以东地区。起义队伍看到对手强大的兵力，逃到昆阳城。王寻、王邑的军队包围了昆阳城。大家都无心再战。但是，刘秀力排众议，坚决主张与敌人进行战斗。城里的八九千人由王凤和王常带领，而刘秀到城外招集士兵。

不久，刘秀带领部队来到昆阳城的外围，他们与城里的汉军里应外合，经过艰苦的激战，彻底击败了王寻、王邑的大军，使先前畏惧作战的将军对刘秀有了新的认识。从此，刘秀名声大振，天下豪杰都响应他的号召杀掉当地的州郡长官，很快夺取了天下。

在昆阳之战中，刘秀不畏强敌，大智大勇，表现出了超群的领导力。而敌人尽管势力庞大，但是面对刘秀的出色指挥和顽强精神，很快乱了阵脚。刘秀依靠出色的领导力带领大家度过了危难，开创了"光武中兴"的繁荣局面。

因此，领导力是领导人必须具备的一种能力，在企业用人方面尤其是这样。要用良才，你就得有令良才佩服你的本领，这个本领就是领导力。毫无疑问，释永信方丈的领导力是令少林寺上下几千和尚佩服的，所以他才能那么从容、自如地在世界范围里飞来飞去，而得有不劳心的大自在。否则，用好、管好几千名和尚也非易事吧？

人们都看到了这样一个事实，企业高层管理人员的领导力，已经成为决定企业兴衰成败的关键因素之一。大凡中外成功的企业，都离不开企业管理者卓越的领导力。

通用前领导人杰克·韦尔奇，在通用 20 年的管理生涯中，以很多新的领导理念，如"全员参与思想"、"无边界行为"等，创造了通用的辉煌历史，这也是韦尔奇优秀领导力的表现，是其令人佩服的本领。

因此，在竞争日趋激烈的今天，"领导决定成就"这种说法并不过分。企业作为一个商业实体，涉及到发展目标、经营管理、内外沟通、员工激励等诸多命题，都需要管理者来统御。你只有注意提升自己的领导力，才能权衡利弊、综合利用好各种人才，做出科学的决策，而且还能超脱自如，不劳心、不累心。

从古代的刘秀到今天的杰克·韦尔奇再到释永信，他们在不同领域展现了超凡的领导力，这就是管理者劳身不劳心的根本所在，不同领域用的人才，可能会有差别，但是要想达到不劳心，那就一定要提升自己的领导力。领导力强了，你不但在用人上不累心，而且还会令人感到一种洒脱、悠然的大家风范。所以，企业管理者要不劳心，具有点大家风范应是一个不错和必要的选择。

用人的菩提

三、善于教诲，威信自立

在用人上要能不劳心，管理者就要在企业员工中树立威信，而善于教诲是树立威信的一个极好方法。曾任中国佛教协会第一任会长的圆瑛大法师，在新中国成立前每逢到上海圆明讲堂举办法会时，总有一些不务正业的马流僧来到这里，圆瑛对他们也给予照顾，总是先叫人给他们好的斋饭吃，然后再给每人一个红包，又严肃地教诲一番，让他们欢喜而去。

禅宗故事里也讲，有一天晚上，明月当空，大含和尚一个人在寺院读书，有一个强盗持刀闯入室内。

和尚见了平静地问："你是来要东西，还是来索命的？"

强盗回答："我来要钱。"

和尚于是从怀中取出钱袋，扔给强盗，说："你把这些都拿去吧。"说完又俯下身去看书了。

强盗握紧钱袋，急速向门口跑去，正欲潜逃，这时只听身后和尚大喊了一声："等一等！"强盗说不出的惊慌，呆呆地立在原处不敢动。

和尚对他说："你别马虎，出去时，请把门关好!"强盗哪里听得进去，吓得屁滚尿流地逃了。

这个强盗后来对人说："我多年打家劫舍，经历过数不尽的风险，可没有哪一次叫我像这次那样害怕!"

禅悟之道告诉我们：专注自己的事，不要受外界的打扰，力不能及的事，不如心平气和随缘对待。

可见，对于很多失误的人来说，"胡萝卜"政策远比"大棒"的效果要好。当下属一旦出现错误，管理者要寻找原因，帮助他们改正错误，尽力挽回错误带来的损失。对下属千万不能发脾气，要控制自己的情绪，安慰下属，让他难受的心得到释放，他会很感谢你的宽容。当然也别忘了，必要的训诫还是需要的，就像圆瑛大法师在给了好饭吃，给了红包之后，还是要严肃教诲那些马流僧那样，这可防止同样的事故再次出现。

一句鼓励的话，可以改变一个人的观念与行为，甚至改变一个人的命运；一句负面的话，可以刺伤一个人的心灵，甚至毁灭一个人的未来。

从上面两个例子中我们可以悟出，管理者不同于众人，普通人只要干好自己的事就可以，不用借助威信去带领别人做什么，而管理者不然。印度圣雄甘地说："领导就是以身作则来影响众人的人。"威信是指管理者在人际关系中，影响与改变众人心理与行为的能力。人们常常把管理者的威信视为"无言的号召，无声的命令"。

从管理者外因来看，树立管理者的威信，并不是依靠管理者的发威，因为发威往往是从声势上把人镇住，只能在表面上征服别人，而不能得到下属内心的认可。威信的确立，反而恰恰是得到下属的真心的认可和敬重时，才会产生。树立威信，重要的是征服人心，征服人心的原因不在于声势，而在于对人的理解，在于从道理上取得比较正确的抉择。

从管理者内因来看，使人敬佩的不仅仅是管理者的能力，更重要的是管理者自身的品格，只有人格的力量才能打动人心。那个强盗之所以吓得屁滚尿流，正是禅师人格的力量。这种力量的震慑力，往往大于权力光环下的强迫，因为，人格的魅力征服的也是人心。

管理者只有正气凛然，德行端庄，才会赢得敬重，才能成为员工的主心骨。"德之不端，其谋拙出，其本损焉"，下属从不会宽恕"失德"的管理者。

四、人无信，身不安命不立

《论语》中提出"人而无信，不知其可也"的观点，意思是说一个人如果不遵守自己的诺言，违背了契约，就不能赢得大家的认可，最后连立身之地都没有了。

一个管理者要在企业内部树立自己的权威和领导地位，必须一言九鼎，言而有信。只有这样，才能保证自己的决策与发展计划被有效彻底地执行，才能像释永信方丈那样，即使自己长时间离开少林寺，而寺内一切活动仍是井然有序。所以，你要不劳心，你就要立信。

"天下致诚，无信不立。"自古以来，信用是保证社会组织正常运行的道德基础，是个人安身立命的根本。古代君主为了获得平民百姓的支持和拥护，必须遵守自己为民造福的诺言，否则一旦失信于天下，就会丢掉自己的江山，遗恨千古。

西周最后一位天子周幽王为了博取美人一笑，烽火戏诸侯，结果做了亡国之君。

当时西周的都城在北方，受到戎人的威胁。于是周天子和各地的诸侯约定，如果敌人前来进攻就点燃城头的烽火，请大家赶来援救。周幽王宠幸的妃子褒姒整日表情沉闷，为了让她高兴，周幽王点燃烽火，各地诸侯的军队慌慌张张赶来时，惹得褒姒大笑不止。

此后，周幽王经常无故让诸侯的军队往返，以致大家不再信任他了。后来，戎人的大军真的前来进攻，周幽王尽管点燃了烽火，但是没有诸侯赶来救援，最后死于骊山下。周幽王失信于诸侯，最终自食恶果，给我们很大的警示。

战国时期，秦穆公采纳商鞅的意见，决定变法图强。但是，秦国人心涣散，国君没有应有的威信。于是商鞅在都城的南门外立了一大块木头，并且对众人许诺说：谁把木头搬到北门，就赏给十金。

大家都不相信有这样的好事，结果没有一个人上前行动，商鞅立刻把赏金涨到了50金。一个男子把木头扛到了北门，商鞅立即把50金赏给他，在众人之间树立了威信。很快，这件事传遍了全国，大家都知道商鞅是一个守信的人，纷纷拥护他变法革新。

孔子说："自古皆有死，民无信不立。"守信、诚信是管理者立身的根本，也是现代企业生存和发展的基础。

在残酷的市场竞争中，一旦你不再赢得众人的信任，就会面临生存危机，最后的孰是孰非反而不再重要。管理者对此要有清醒的认识、深刻的体察，做到诚实守信。

管理者要想用好人、管好人，那么首先就要对员工守信。只有这样，你说的话别人才听、才信、才服，你才能有效地依靠他们，威信也就自然而然地形成了。威信是受别人信任、支持、拥戴的集中体现，从一定意义上讲，这种威信是别人树立的。"威"和"信"是密切相连的，"威"是从"信"中来的，如果管理者"威"而不可"信"，那么，"威"也不会持久。所以，"信"比"威"重要得多！

江苏扬州有个历史名人鉴真和尚，他曾在唐代东渡日本弘扬佛法。据说他开始向弟子们说要东渡传法时，是一片鸦雀无声，无人对答。大家认为，日本路途遥远，中间又隔浩渺沧海，惊涛骇浪，百无一至，旅途生死难卜。

鉴真和尚见无人应命，便慨然答道："为这样的传法大事，何能顾惜身命！佛祖为了普度众生，尚且不惜身命，何况我等。你们如不去，我即去耳！"

由于众弟子对鉴真和尚一向尊崇备至，信任有加，所以鉴真和尚一说去，众弟子就都纷纷表示愿随大和尚前去。可见，"信"是多么的重要。一个企业也同样，企业管理者要能顺利地用人、管人，就要先立信，形成众望所归的局面之后，你就能在用人上不劳心、不费神。

五、心正身正行正，行正即是道

　　六祖慧能在《坛经》中强调的"行正即是道"，是禅宗顿悟法门的基础。《论语》里也说："其身正，不令而行；其身不正，虽令不从。"看来，心正、身正、行正这"三正"太重要了。它告诉我们，管理者是引领一个团队前进、引导企业发展的人，是群龙之首，因此，成为一名称职的管理者，首要的条件就是以身作则，加强自我修养，成为众人的表率。也就是说用人上要想不劳心，你就得有"三正"。但凡在用人上不劳心的管理者，都是具备"三正"的。

　　管理者要率先垂范，干出实绩。"上有所为，下必效之"，管理者敢说"看我的"，"跟我来"，别人才会跟你干。你干出了实绩，让员工们感受得到，你就必得人心，从而在用人上你也就不劳心了。

　　我们还拿圆瑛大法师来说，他教诲人们要实现平等利人的菩萨精神，他就身体力行，以身作则。1952年，他参加在北京召开的亚洲及太平洋区域和平会议之后，回到上海圆明讲堂，举办了49天和平法会，收入的香金达亿元（旧币）以上，除开支外，其余全部供给各地大小寺庙，资助僧众生活，令人崇敬，也为世人所赞叹。

有一年春节快到了，寺内过年的东西还没有着落，圆瑛赶忙去宁波城里想办法，运回来一大车过年的东西，寺里僧众感动得流下了热泪。还有一次，他为寺里购运柴米，亲自撑船，不料船翻落水中，圆瑛紧紧抓住船帮，飘流很远，才被人抢救上来。寺里吃水用水困难，需要挖井，圆瑛就下井挖泥淘井；寺庙里房子坏了，圆瑛就上房修补。

1937年卢沟桥事变，国难当头，圆瑛召开中国佛教会理事监事紧急会议。他号召全国佛教徒参加抗日救国工作，并亲自担任中国佛教会灾区救护团团长，召集苏、沪佛教青年组织僧侣救护队，进行救护工作；又奔走各地，组织救护队，创办难民收容所和佛教医院，收容无辜难民和抗战受伤的战士。

圆瑛法师还对僧侣救护队员们说，要每个成员以"大无畏"、"大无我"、"大慈悲"的"三大"精神做抗战救护工作。法师说，"无畏"就是无所畏惧，不怕脏、不怕累、不怕苦、不怕难、不怕死，奋不顾身地投入到抗战救亡中去；"无我"就是忘却身家之我见，置自身生死于度外去救护别人；"慈悲"就是救苦救难。菩萨慈悲，不能"一任强暴欺凌迫害"，不能"坐视弱小无辜横遭杀戮"，"不能眼看着无数生命在残酷敌机下被摧残，尤其不忍听那为了抗击日寇而负伤在沙场上断臂折足的哀呼惨号"，所以，"挺身而出，负起抵抗侵略的救亡工作"，这正是大悲大慈的菩萨行。

圆瑛法师不仅这样教诲别人，自己一直身体力行。为解决经费困难，他带领弟子明旸前往南洋亲集经费，倡导"一元钱救国活动"，得到广大爱国侨胞的支持，募得了相当的款项，以充佛教医院和收容所的经费。

1939 年农历九月初一，在圆明讲堂莲池念佛会成立时，圆瑛正在大殿上礼佛，突然来了四辆日本宪兵队的汽车，几十个宪兵包围了大殿，以抗日分子的罪名，逮捕了圆瑛法师和弟子明旸。宪兵们面目狰狞，虎视眈眈，而圆瑛一心念佛，平静如常。

每当深夜，日本宪兵就对圆瑛严刑审讯，圆瑛从容陈辩，理直气壮，义正词严，表现了中国人民大无畏的民族气节。他虽身陷囹圄，心念地狱、天宫皆为净土。除审讯外，他见逢插针，连续打了三个静七，并绝食以示抗议，和日本侵略者进行斗争。敌人见严刑审讯无效，便改为劝诱"合作"。法师以老病拒之。日寇无奈，只好将师徒二人放出。以后，日寇又几经纠缠，企图利用法师的声望，为他们的侵略行径服务，均被圆瑛法师拒绝。

由此可见，管理者要把加强自我修养、以身作则看作为自己终其一生的一门基本功课。坚持学习，坚定践行。管理者注意加强个人修养，以身作则，才能服众，进而建立威信，保证命令有效彻底的执行。所谓"尧舜帅天下以仁而民从之，桀纣帅天下以暴而民弃之"，我们必须看到管理者自身示范的强大威力。

古人说，高处不胜寒。管理者身处企业的最高层，肩负着企业发展的重大使命，自己的一言一行有可能关乎着企业的生死存亡，因此要用好管好员工，并且能获不劳心之益，就要将心正、身正、行正这"三正"作为一种自己永无止境的努力方向，精进再精进！

六、铜的决心铁的意志，破铜烂铁也成钢

企业的用人不是一个简单问题，面对众多员工，智力、能力高低也不同，企业管理者要能对他们人尽其用，而且还不觉累心、烦心、劳心，你就得有一种信念，即"破铜烂铁"也能成钢，同时还要把自己修炼成一个能将手中"破铜烂铁"淬炼成"钢"的人。

星云法师曾说，只要具备"铜"一般的决心，"铁"一般的意志，再"破烂"的天赋，再恶劣的状况，也能成就"钢"一般的丰功伟业。我们不必怨怪别人资质低劣、条件不好，如果自己能拥有不熄的慈心，不灭的悲愿，"破铜烂铁"也能在我们手中淬炼成为像"钢"一样的栋梁之才。

佛门有句话：金衣钵，银客堂，珍珠玛瑙下厨房。平凡无比的青菜萝卜经得起大火烧炖，所以能煮出珍馐美味的上堂斋食。同理，一文不值的"破铜烂铁"，只要你对他千锤白炼，也能铸成风雨不蚀的不锈"精钢"。星云法师曾列举了很多这样的实例：

有一位名叫李忠山的人，初来佛光山时，因天生智障与常人很不一样，经法师长期关怀鼓励，后来他乐观开朗，勤于拜佛。

一名初中毕业的木工萧顶顺，30 年来，在法师的指导帮助下，竟成为了一名建筑设计大师，所有佛光山的建筑都是在他手中完成的。

早年为佛光山开车的司机韩昭泉，第一天上班就发生一些小事故，虽遭多人埋怨，但法师从不责备，只在他每次出门前，再三叮咛他小心驾驶。随着开车日久，技术增进。后来他娶了在佛光山育幼院服务的王小姐之后，成家生子，自行开业，现在已是游览公司的大老板。

颜香原本是一个乡下姑娘，一句国语都不会说，在佛学院的熏陶下，不但国语流利，甚至考取托福，出国深造。

慧尚刚从印尼来佛光山时，一句中文都听不懂，后来他发心从事全山环保工作，终日与垃圾为伍，余暇刻苦自修，后来竟能以中文作诗撰文，现在肩负沙弥学园的教育使命。

慧庆虽然天生咬字不清，但无法阻碍他上进的决心，在不断努力之下，成为《普门杂志》的资深编辑，文字功夫高人一筹。

慧岸初学佛时，矮小胆怯，几年的佛门训练之后，竟能登台主法，侃侃而谈，在"光明学苑"担任讲师。

永光体弱多病，数度住院就医，凭着柔和忍耐的性格、坚韧不拔的精神，在菲律宾各地弘法度众，广受信徒爱戴。

星云法师到台湾弘法时，大胆起用一群未见过世面的乡下青年，结果一鸣惊人，博得好评；台湾初次举办敦煌古物展览时，他又大力推荐年幼的沙弥担任解说员，结果深受来宾赞许。可见只要肯赋予任务，导以训练，无论男女老少、智愚巧拙都能够做出一流的表现。所以，法师不无感慨地说，这证明了"破铜烂铁也能成钢"这句话，诚然是颠扑不破的至理名言。

用人的菩提

其实，古今中外，这类事例不胜枚举。爱迪生小时候被老师视为低能儿童，但是在母亲循循善诱之下，学习了许多现代知识，长大以后，一生从事发明，造福无数人群，带动文明的进步。松下幸之助11岁辍学，13岁丧父，34岁时，唯一的儿子出生仅六个月就夭折，他自己一生则受病魔纠缠，40岁以前，有一半的时间都卧病在床，但凭着乐观进取的精神积极奋斗，不但寿达百岁，而且拥有国际知名的电器事业。

作为企业管理者，真是没必要去怨叹员工如何如何不行，关键是你要"行"。你不行，他们也不行；你行，他们也就行了。"破铜烂铁"要是能在你手中淬炼成为"钢"，你说你行不行？你肯定是一个很"行"的智慧超凡的管理者！当然，前提还是先别把"破铜烂铁"当废品，不是有句话嘛：别拿豆包不当干粮！

七、明眼看世，佛眼看心

管理者在用人上要真正能不劳心，那就一定要在平时"用心去看，用心去听"。正所谓：明眼看世，佛眼看心。禅宗故事里讲，唐朝的香严，原先与沩山同师百丈禅师。后来百丈圆寂了，香严还没有

悟道，便追随沩山，拜他为老师。有一天，沩山对他说，你到现在还没有悟道。生死事大，你要自悟自度才行。现在我考问你：

"请告诉我，在父母未生你前你是什么？"香严茫然不知所对。他回到房里，找遍经典，找不出个答案。

于是他很感慨地说："画饼是不能充饥的。"

他曾屡次去请沩山指点，希望沩山说破这精神世界的真相，但是沩山总是告诉他说：

"如果我为你说破，将来你一定会骂我。无论如何，我所说的是我的开悟，跟你又有什么关系呢？"

的确，沩山的开悟并不是香严的开悟，沩山的生命实现不是香严的实现。这时，香严失望极了，他认为自己可能与禅无缘，于是拜别了沩山，想当一位四处化缘的乞食僧。有一天，他路过南阳，便住了下来。

一天，他耕作锄草之时，偶然抛了一块瓦砾，击中了竹子，发出清脆的声响。他在听到声响之时，恍然大悟。于是沐浴更衣，遥拜沩山说：

"师父啊！你的恩情胜过父母，如果当时你对我说破那个秘密，我哪有今天呢？"

香严自己去听、去看、去品啜，从而享受到了生命实现的喜悦。当然，我们不可能知道香严听到瓦片击竹子的声音悟到的是什么，这也正是沩山不告诉他那个秘密的原因。因为悟是个人的心路，别人无法获知更不能替代。但是，这个故事倒是告诉我们，什么事都要自己用心去听，用心去看，作为管理者就是要用心去听取各方面的意见。

通用前 CEO 杰克·韦尔奇认为：一个成功的领导人不一定是天才，

因为天才也会有疏忽的时候。因此，一个天才 CEO 最重要的特质就是懂得群策群力、集思广益。很显然，杰克·韦尔奇把通用和自己的成功归结为用心去听，用心去看。

所以，管理者要注意建立各种信息渠道，自己亲自听取各方意见而不由别人代替。所谓"用心去看"，就是认真观察员工的行为，只有准确了解员工的行为才能做好员工的管理。然后"用心去听"，必须自己听取员工的说法，而不能完全听信左右或亲信的说法。特别是不要在进行观察之前发表意见，以免下属投其所好，使得管理者不能全面了解现状。这其中最重要的是将观察到的员工的行为与说法进行验证，进一步准确把握员工的言行，这样你用起他们来才会不再劳心而能轻松自如。

春秋战国时期，齐威王曾经向大臣了解地方官吏的政绩，大家都说阿大夫最好，而即墨大夫最差，齐威王没有立刻发表意见，而是亲自到各地明察暗访，特别是向老百姓调查了解，结果得出了与大臣意见截然相反的结论。

原来，即墨大夫兢兢业业治理自己管辖的地区，深得老百姓的拥戴，而阿大夫则不善于管理，当地人生活贫困。但是，阿大夫善于巴结朝廷大臣，即墨大夫为人正直，结果出现了颠倒黑白的舆论。

齐威王掌握了实情之后，把各地的官吏召集起来，严厉训诫大家应该效仿有政绩的即墨大夫，并对阿大夫及接受贿赂的大臣进行了严厉的惩罚。此后，齐国的政治变得清明起来。

可见，自己用心去听去看对管理者在用人、管人方面是很关键的。我们考察下属，尤其需要自己去听取多方面的意见，从多个角度入手才能获得真实的信息，做出正确的判断。优秀的管理者都会建立自己灵通的情报网络和顺畅的沟通渠道，避免听到虚假和片面的声音，看到错误和局部的信息。这就叫"明眼看世，佛眼看心"。

八、"踢不过膝"与"疑诏诡使"

要想在用人上不劳心，管理者在员工中保持适当神秘感是必要的。这就很像少林寺的传统功夫"踢不过膝"。此功外表看动作不大，其巨大能量却都蕴含在功夫之内，是不得了的。管理者在用人方面适当掩盖一些自己的真正意图，就要修炼这种"内功"。

2001年阿克洛夫、斯蒂格利茨和斯彭斯因为"信息不对称"理论获得了诺贝尔经济学奖。根据这一理论，市场参与者因为信息的拥有量不同，处于不同的地位。显然，那些处于绝对优势地位的人往往是市场博弈的胜利者。

在现代企业管理中，信息不对称理论同样适用。管理者相对于员工处于核心位置，在信息把握上也具有绝对的优势，正因为这样，你才能制定各种用好人、管好人的计划。如果管理者的信息优势被破坏，自己用人的真实意图都被他人知晓，不但会破坏领导权威，还可能带来事倍功半的不良后果，更不能达到不劳心的目的。

韩非子为了说明"疑诏诡使"的必要性，曾列举了"周王藏簪"的历史典故。周王故意把玉簪藏起来，然后说弄丢了，接着命令大小官员到处寻找、搜查。一连过了三天，大家都找不到，于是周王亲自派人寻找，最后"发现"了玉簪。

周王对大小官员说："我手下的人都不能帮我做事，花了三天时间都找不到玉簪；而我亲自派人找，只用了一天。"大家听了这番话，心里都很恐惧，认为周王是一个深不可测的人。

周王通过"藏簪"，建立自己的领导权威，这是掩盖真实意图的"疑诏诡使"策略运用。它使管理者在下属面前保持适当神秘感，实现了有效统帅部属。

但这里又要特别注意，韩非子所说的"疑诏诡使"，意思是故意制造假象，用诡诈的手段来威慑臣下。"疑诏诡使"是作为一种"权术"出现的，它对现代企业管理者来说，就有效治理企业、统帅部属方面只能是有借鉴意义，因为靠玩权术，对任何管理者都并非上策。

在企业人事管理方面，管理者需要建立自己的权威，才能保证命令的有效执行。为此，适当掩盖自己的真正意图、保持适当神秘感，还是必要的。

对下属保持适当神秘感也是"保持威严"的一种方式，是保证一切管理过程的必要手段。过于和下属亲密，就会使企业内部命令和指示降低效力，不利于管理目标的实现。而采取"疑诏诡使"这种管理方法，不但可以保守企业在用人方面某些暂时不宜公开的秘密，还能够保证领导者的威严，防止某些人胡作非为、弄虚作假，使其在执行任务时不敢夹杂私利。

但是管理者又要切记，权威也好威严也好，说到底还是一个让下属从心里服你的问题。这时别忘了我们谁都知道的管理者要有"力服、才服、德服"三种境界：以力服人只能使人慑服，以才服人可以使人折服，而以德服人则使人心服。你的立德还是最重要的！

这里我们不妨也来个"中西医结合"的治疗方案，看看国外企业如何对治这一问题。美国通用电气公司前总裁斯通曾经提出"人际关系应保持适度距离"的主张，以此避免人际关系上的"马太效应"。他认为在人际交往中有这样一种倾向，亲密的人彼此的关系会越来越亲密，而疏远的则越来越疏远。

所以，斯通建议大家采取"适度距离"的交往策略，并且身体力行。作为公司最高管理者，斯通深知与公司高层管理人员接触频繁，而与普通员工接触很少，于是他在业余时间有意拉大与管理人员的距离，积极与推销员等普通员工交流。

在通用这样的跨国企业中，高层管理人员是组织人力资源管理的重中之重，如果负责人始终与他们接触，就不能从基层获得有价值的信息，也不能建立自己的权威。所以，斯通的"适度距离"策略既是团队内部科学沟通的需要，也是保持适当神秘感、有效统帅下属的必要手段。

可见，管理者想在用人、管人方面春风化雨，得心应手，轻松自如，不劳心费神，那就要修炼自己特殊的内功才行。就像少林寺的"踢不过膝"，外表看动作不大，但举手投足间内含巨大能量。管理者要保持适当的神秘感，要修炼的不正是这种"内功"吗？

第五章　激励众心　随心现量

"四面云山都入眼,万家忧乐总关心。"缘于对禅的感悟,现代的企业管理强调以关爱员工为激励手段。

善待你的员工,你就会参透禅机对管理学中有效激励的意义。关爱员工既是对员工的激励,也是一笔精神财富。

如果每个企业管理者,都能关爱员工,关爱员工的亲属,懂得激励众心,那么,众心一致,众志成城,企业还有什么困难不能战胜!

一、爱是激励，众心为一

禅宗故事里说，有一天夜里，残梦和尚在寺庙内一个人读书，听到有悄悄挖墙脚的声音。原来小偷想在墙上挖一个洞，悄悄进去偷东西。

残梦和尚悄悄地把在隔壁房子里的徒弟叫来，递给他数文银钱，吩咐道："你把这些钱送给贼人吧!"

徒弟走到正在挖墙的盗贼身旁，说："喂，把墙挖坏了可不好，我给你钱，你别挖了。"小偷吓得没命地跑。

残梦和尚见状又说："瞧，他受了惊吓，连钱都没要就走了。冬天的晚上很冷，这孩子真够可怜的。你快点追上去，把钱交给他吧!"

徒弟终于追上了贼人，把钱递给他，贼人感激涕零，发誓今生再不做贼。

禅的启示是：虽然人们都认为"有钱能使鬼推磨"，但慈悲施舍的力量却不能用金钱来衡量。

现代的企业管理，强调以关爱员工为激励手段，正是缘于对禅的感悟。

师父师父，一日为师，终身为父。师父视自己的爱徒如同己出。然而，师父的境界远不仅局限在自己的徒弟上，他们是视天下人为自己的父母兄弟，哪怕是贼，高僧也用慈悲心去关怀、温暖他们。而这种仁爱，就是一种人间最大的激励。管理者对待自己的员工如果都能采取这样的态度，这就是用人的最高境界，难道我们还会耽心这样的企业不具有非凡的凝聚力吗？正所谓：万众一心如一人，试看天下谁能敌!

做人往往比做事更重要，只有善待员工，回报社会，管理工作才能完成从做事到做人的升华。考察中外成功的管理者，无一不是富有人格魅力的人。而获得人格魅力，都是由于他们在创造业绩的同时，又不失做一个不忽视对别人的帮助、慈悲为怀的人，他们明了"给予本身就是幸福"这个道理。现实中，这样聪智的企业管理者并不少见。

有位公司的总经理，每年春节都把员工的父母从外地接到北京过年，所有费用全都由他来承担。大年三十中午，员工与来京过年的父母围坐在一起会餐，总经理亲自给大家端上大盘热气腾腾的饺子；晚上，他又将这些来京的员工父母们请到洗浴中心蒸个桑拿，吃顿自助大餐，并在初一、初二这两天带他们逛逛大商场，看看电影，或去旅游景点观光。粗粗估算一下，几天下来，公司至少要花费数万元。

接员工家长来京过年，只是公司的福利之一。所有员工除了吃住免费外，穿戴的鞋子、衣服，甚至牙膏、手纸等日用品，全部按需使用。在京有房子的总经理，也把妻子、岳母都接到公司里来，和员工们同吃住。很多员工的婚事还都是由总经理操办的。可见，关爱员工既是对员工的激励，也是企业文化的体现。

2007 年初，汇源集团董事长朱新礼在忙于香港上市的紧张时刻萌生了一个想法：应当让企业全体员工及其亲人共享汇源的发展成果。他决定公司拿出 2000 多万元，其中 1000 万元用于奖励公司的优秀员工，另 1000 万元一部分捐助社会，一部分作为慰问金发给全体员工的父母。他认为，世界上三种人不能忘，那就是父母、老师和朋友，汇源的成就有员工的一半，也有他们的父母等亲人的一半。

朱新礼在自己用心写的慰问信中说："在春节即将来临之际，我代表北京汇源集团上万名员工和我本人向各位拜年，并祝大家新年好。懂得感恩是汇源企业文化的重要组成部分。报答父母的养育之恩和亲属的眷爱之情，更是员工的崇高责任。当我埋头灯下写这封慰问信时，总感到表达不尽父母对子女含辛茹苦的养育之恩。在春节即将到来之际，寄去一张贺年卡、一封慰问信、一笔慰问金、一份慰问品，以表达对您深情的问候、感激和祝福。"

由此不难看出，企业管理者不仅是创造物质财富的人，更应是创造精神财富的人。如果每个企业管理者，都能这样关爱员工、关爱员工的亲属，懂得激励众心，那么，众心一致，众志成城，企业还有什么困难不能战胜！

事实上许多著名的公司虽然起家背景不同，所处行业不同，经营领域有别，规模结构各异。可在他们如雷贯耳的名声后面，却有着惊人一致的强调人性化管理的人文管理理念。正是这样的理念，使公司超越对赢利的直接追求，而在善待员工、满足顾客的过程中实现企业的目标，受到员工的热爱和赞同，这才是这些企业管理者真正的过人之处。

二、情动后心动，心动后理顺

管理者要想有效地激励员工，善于运用情感激励法应是很适合中国国情的选择。因为古人有云："动人心者莫过于情，情动之后心动，心动之后理顺。"中国社会讲人情是一个妇孺皆知的"大道理"，忽视或违背这一条，就免不了让人说你是"不懂人情"、"冷血动物"等等，而作为管理者要能善于运用情感激励法，那你就绝不会听到员工说你这些了。

历史上，刘备就是一位善于运用情感激励法来表达"仁爱"，从而收服人心的管理者。在当阳长坂坡之战中，刘备被曹操的大军追赶，赵云肩负着保护刘备家属的重任。当时曹军来势凶猛，兵力薄弱的刘备突出重围后，家人却陷入敌军的围困中。最后赵云七进七出终于救回刘备的儿子阿斗。

当赵云把孩子交到刘备手上时，刘备却把阿斗扔到地上，并且心痛地说：就因为你，差点损失了我一员大将！赵云抱起阿斗感激涕零地表示：自己肝脑涂地也不能报答主人的恩典。

就这样，刘备通过摔阿斗激发了赵云誓死随主之心，又感化了当时在场的所有下属。刘备能够从一个"织席贩履之徒"成长为一代枭雄，与他的"仁爱御人术"密不可分。

"仁"是儒家思想的核心，所谓"仁者爱人"，意思是管理者要关爱下属、帮助下属、体恤下属，才能赢得人心。中华文化本质上是一种"仁"的精神，注重人情与个体的心灵感受。孟子说："民为贵，社稷次之，君为轻"。"乐民之乐者，民亦乐其乐；忧民之忧者，民亦忧其忧"。这其实是提醒管理者要重视普通民众的感受，与他们同甘共苦，这样你才能获得民众支持。在中国历史上，人心向背往往决定着一个国家或政权的生死存亡。所以国君要想成功治理天下，必须爱惜民众，实施"仁政"。如此一来，赢得人心就可以保证国家政权稳定，从而在多事之秋达到自己的预期目标。

如今，现代企业的"情感投资"也已经成为许多管理者制胜的法宝。通过有效的情感激励，往往可以减少企业员工的流动性，降低企业人力资源的成本，乃至调动员工工作积极性、增强企业凝聚力。在现代管理活动中，实行情感激励，就离不开"仁政"，管理者通过改善工作条件，重视安全生产，关心员工疾苦，就可以达到"仁者无敌"的境界，获得企业发展所需的各种资源。

实际上，现代商业领域与社会生活中广泛推行的"以人为本"，与儒家的"仁者爱人"思想和佛家的慈爱精神是一脉相承的。比如，美国的沃尔顿有"和善"经营的理念，日本的吉田忠雄有"善的循环"理论，美国西南航空公司有"爱心文化"，它们都是"仁"这一"爱心思想"的体现。

通用公司一位人事部经理曾经说过："在一个家庭内，父母关心着每一个成员。同样在公司内，人事部门要以父母之情去关心公司的每一位职员，随时回答他们的问题，经常了解他们心里想什么，干什么和为什么，尽量帮助他们解决困难，使他们心情愉快地工作。"

由此可见，管理者以"仁爱"精神关心下属，不把对方当成办公室里的机器人，才能赢得人心，留住人才。关心下属，既是符合人性的情感经营方法，也是帮助员工树立自尊和自信，从而使他们尽心竭力为公司服务的管理手段。这种情感激励可以说是21世纪企业管理的一个新亮点。更重要的是，体恤部下的辛劳，为他人着想，对方就会以忠诚回报管理者，在工作上认真负责，全力以赴地支持你的工作。

在一些知名跨国公司中，我们经常可以看到这样的情形：从总裁、总经理到普通职员、普通工人，都相互友爱，相互尊重。在上班时间，大家都穿一样的夹克衫，在不分等级的餐厅里一起就餐。在这样融洽的环境中，每个人都成为"家庭"中的一分子，充满了浓浓爱意和人情味。这种平等、友爱的合作精神已经成为企业文化的一部分。

作为一名出色的管理者，不但要专注于企业发展战略、重视客户意见反馈、关心财务良性运作，还要把关爱和体贴下属作为重要的日常功课。你要经常向自己提问：这两天我关心下属的饥寒冷暖了吗？

成功的用人管理包含着禅宗的玄机，当管理者一味追求利润而忽视员工的时候，利润反而得不到；当管理者关注员工的时候，金钱和利润似水滚滚而来。也就是说当你善待自己的员工，做到"四面云山都入眼，万家忧乐总关心"时，你在用人方面的管理也就跃上了一个新的台阶。

三、激发众心潜能，要靠竞争机制

在禅宗的历史传承中，五祖弘忍大师曾让寺内几千和尚每人写一首偈，不论其来寺时间长短，根据每人所写的偈去评判其悟性和慧智的高低，最终来决定衣钵之传承人。这个做法就是一种公平的竞争机制，它对寺内几千和尚努力精进佛学、佛法起到了有效的激励作用。

就企业的用人而言，谁都知道人才竞争已经成为市场竞争的关键，但是这种竞争不仅表现在企业对优秀人才的争夺上，也表现为管理者在企业内部推动竞争机制、促进企业人才的发展上。

《韩非子》说："有能则举，无能则下。"意思是有能力的人要担当重任，没有能力的人要从高级职位上退下来。实际上，这就是一种内部人才竞争态势。网罗优秀人才只是第一步，建立一种好的竞争机制，激发员工的潜能，从而调动大家的积极性，开展合作性竞争才是关键。

竞争机制的建立是企业获得发展、灵活制胜的关键。只有坚持在企业内部推行出色的竞争策略，才能充分调动员工的积极性，发挥人才潜能，有效地激励员工。

挪威人喜欢吃新鲜的沙丁鱼，但是渔民在返航中捕获的沙丁鱼大部分会窒息死亡。后来，有人在鱼舱里放了几条鲶鱼，结果沙丁鱼受到威胁不停地四处游动，避免了窒息而死。这就是人们常说的"鲶鱼效应"。

管理者用人时，只有启动竞争，团队成员才能真正"活"起来，获得前进的动力、激发内在的潜能。具体到人才使用上，就是打造一个"能者上，平者让，庸者下"的竞争局面。

英国一家空调公司有段时间经营处于低迷状态，为了调动大家的积极性，总经理亲自到生产一线和生产工人沟通，他询问工人："请问，你们这一班今天制造了几部空调？"工人回答说："6部。"总经理拿起笔在地板上写下一个"6"。

夜班工人接班时看到地板上的数字，立即明白了经理的用意，他们精诚合作，交班时把地板上的数字改成了"7"。接下来，工人展开了竞赛，数字一直攀升到"10"。很快，空调公司的生产和销售有了很大生机，进入了新的发展阶段。

空调公司总经理注意引入竞争机制，从而调动员工的积极性和创造力，使他们主动工作、乐于竞争，这就是激励、竞争带来效率的道理。

现代市场经济从本质上说是竞争经济，通过优胜劣汰的比拼提升经济效率，促进发展。在企业内部，建立科学有效的竞争机制既是适应外部环境的需要，也是企业生存和发展的根本途径。对管理者来说，没有竞争意识的人力资源管理最终只能导致整个企业陷入松散甚至瘫痪的状态。

日本索尼公司的内部招聘制度，其实就是一种有效激励的竞争机制。有一天晚上，索尼公司董事长盛田昭夫按照惯例走进职工餐厅，与职工一起就餐、聊天。他发现一位员工郁郁寡欢，满腹心事，闷头吃饭，谁也不理。于是，盛田昭夫就主动坐在这位员工对面，与他攀谈。盛田昭夫问他是不是对自己的待遇不满？他摇摇头。几杯酒下肚，这个员工终于开口了："我毕业于东京大学，对索尼公司崇拜得发狂。可进了索尼，才发现完全不是那么回事，我的科长是个无能之辈，可悲的是，我所有的行动和建议都得科长批准。我自己的一些小发明和改进，科长不仅不支持、不理解，还挖苦我是癞蛤蟆想吃天鹅肉，是有野心。我很泄气，心灰意冷。这就是索尼？这就是我的索尼？"

这番话令盛田昭夫十分震惊。他想，类似的问题在公司内部恐怕不少。为了激励员工，公司不仅应该为他们提供好的生活条件，还应该为他们提供富有挑战性的工作机会，于是产生了改革人事管理制度的想法。之后索尼公司开始每周出版一份内部小报，刊登公司各部门的"求人广告"，员工可以秘密地前去应聘，他们的上司无权阻止。

另外，索尼公司原则上每隔两年就让员工调换一次工作，特别是对那些精力旺盛、干劲十足的年轻人，不是让他们被动地等待工作，而是主动地给他们施展才能的机会。在索尼公司实行内部招聘制度以后，有能力的人才大多能找到自己较中意的岗位，而且人力资源部门也可以由此发现某些部门领导存在的问题。

彼得·圣吉在"五项修炼"中提出了改善员工心智模式的构想，并把它作为企业人力资源管理的一项核心内容。"员工只有感受到竞争的存在，才能激发危机意识。"为此，管理者需要建立一套科学完善的竞争机制，而薪酬激励、企业培训、目标管理、绩效考核、职业发展等都是它的应有之义。在这一基础上，推动员工充分参与企业内部的各项竞争活动，才能发挥每位员工的优势和潜能，做到有效激励。

四、积多者食多，积寡者食寡

管理者要达到有效激励员工的目的，除了情感激励和竞争机制以外，还要在企业内部建立一套科学的"论功行赏"的分配激励机制。《管子》里说："其积多者食多，其积寡者食寡，无积者不食。"意思是，效益好的报酬多，效益少的报酬少，没有效益的就没有报酬。作为管理者，要通过建立科学的分配激励机制，把企业内部的效益与员工的报酬紧密结合起来，做到"上下同欲"，才能达到有效激励员工的目的，从而实现企业发展目标。

其实，禅宗思想告诉我们，"佛性人人皆有"，每个员工都有创造出色业绩的潜能，关键是管理者能否激发员工的成就动机。"重赏之下，必有勇夫"，说的就是健全的分配激励机制，可以充分调动员工的积极性，从而开创企业发展的新境界。

"论功行赏"自古就是管理者出色治理的有效手段。诸葛亮北伐中原的时候，因为错用马谡而丢失了街亭，结果蜀军损失惨重，但是

"佛性人人皆有"，每个员工都有创造出色业绩的潜能，关键是管理者能否激发员工的成就动机。"重赏之下，必有勇夫"，说的就是健全的分配激励机制，可以充分调动员工的积极性，从而开创企业发展的新境界。

大将赵云带领的部队却没有折损一人一马，而且辎重等物资也没有丢弃。尽管整个战役蜀军遭受了重大挫折，但是诸葛亮仍然没有忘记给赵云及其部下奖赏，他赏给了赵云"金五十斤"，赏给了部队"绢一万匹"。这说明诸葛亮是一个赏罚有度的管理者，他建立了分配激励机制并严格地贯彻实施。势力弱小的蜀国能占有了三分天下有其一的位置，应该说这一机制起了重要作用。

企业管理者一定要注意重奖有成就的人，给下属带来发展空间和实际利益，这样就能使有才能的人努力工作，达到更好的工作绩效。马狮百货集团公司是英国最大的跨国商业零售集团，在世界各地有260多家连锁店，其优秀的盈利能力令同行艳羡不已。马狮集团的成功经验之一，就是分红制度的建立。它是调动员工积极性、实现高赢利的重要手段。

马狮集团把人力资源管理的职能划分为获取、整合、调控、奖酬、开发等五个方面，其中"奖酬"是员工为企业做出贡献而获得的奖赏，它发挥的是激励的作用。

为了达到良好的激励效果，公司设计了如下有效的行动方案：根据员工工作绩效得出准确的考评指数，然后向员工提供与贡献率同等的工资、奖励和福利。在马狮百货集团，员工获得了极大的满意感，对组织保持着很高的忠诚度，劳动积极性和工作效率自然达到最优。

更重要的是，为适应激烈的市场竞争，马狮百货集团早在几十年前就推行了分红计划，员工占有股份。现在，分红制度已经成为许多企业采用的激励手段，并被公认为是最有效的举措。

所以，当员工为企业节约了大量资金，完成一项重大发明，带来巨大经济效益时，作为管理者，你千万不要吝啬，要重重奖赏你的员工。要知道"广纳贤能"只是用人的开始,而"论功行赏"才是用好人才的关键。千里马跑得快,就需要精心喂养。

日本有一家公司,专门生产和经营洗涤、化妆品,它资产 25.5 亿美元,员工逾 5000 人。

有一次,该公司总裁召集会议,讨论牙膏销售不旺的问题。大家提了不少办法,但都不太好操作。

这时,一个年轻的经理站起来对总裁说:"我手中有张纸,纸上写了一个建议,若您采纳我的建议,我们的产品销售肯定能上去,但必须另付我……"他开出一个很高的价钱。

"公司每个月都支付你工资,另有分红和奖励,现在让你来开会,你还另要钱,是否太过分了?"大家异口同声地发出指责,连总裁也有点生气了。但大家还是想不出一个好办法。

"总裁先生,请别误会,若我的建议行不通,您就把它丢掉,一分钱也不必付。"年轻人说。

总裁接过那张纸,阅毕,马上如数签了张支票给了那个年轻人,大家都傻眼了。"怎么一张纸就值那么多钱?到底上面写了什么金点子?"

原来上面就写了一句话:"将牙膏口扩大一毫米"。

大家嘲笑起来:"这叫什么建议?一分钱也不值!"

总裁这回眉开眼笑了:"诸位好好算一算,早上,每个消费者多用了一毫米的牙膏,每天的牙膏消费量将多出多少倍呀?"

当大家还在将信将疑的时候,总裁已经下令更换新的包装了,这个决定使该公司这一年的营业额增加了 32%。

由此可见,科学而有效的分配激励机制能够使每一位员工竭尽全力地为公司做出贡献，推动企业发展。因此，迈克尔·拉波夫在《世界上最伟大的管理原则》中指出："有报酬就能完成。"我们可以肯定地说，企业与员工是通过报酬联系起来的，是一种利益分享机制奠定了彼此的合作关系，所以保证做出贡献的员工获得高额的报酬，是企业在激烈竞争中取得成功的用人关键，这是商业世界运行的一条根本法则。企业管理者只有形成明确的认识，并做出有效的行动，才能充分调动员工的积极性和创造性，激励他们的斗志，在全球商海中实现战无不胜。

五、滋养众心，大小梅花一样香

在用人上讲激励，确实有很多种方法，但是最根本的一种激励恐怕还是尊重员工的个人尊严。这种激励是带有基础性的，可以说它是激励之本，激励之基。大家都知道，企业是由员工这一群体构成的，企业要想达到利润的最大化，就需要充分调动每个员工的积极性，用各种有效的方法满足员工的心理需求，调动他们的工作激情。所以，在尊重员工的个人尊严基础上，满足员工的心理需求就是佛家讲的"滋养众心"，就是坚持佛家的众生平等观。在用人上尊重每一个员工的个人尊严也正是"大小梅花一样香"的悟禅之道！

　　美国前总统里根有一次在华盛顿公园演讲，正好有一对年轻人在公园举行婚礼，但因为里根是公众人物，不少来宾跑去看里根了，造成婚礼冷场。于是这对新婚夫妇写信给里根，将他好一顿埋怨，里根连忙写信道歉，并送上一束鲜花表示祝贺。从中我们看到了平等的重要，即使是一国总统也不敢忽略它的影响。这件事说明，每一个人的尊严都是需要尊重的，而且每个人都需要得到平等。

　　我们要能尊重员工的个人尊严，那么，平等观就是个前提。没有这个前提，就不可能尊重每一个员工。也就是说，只能先有"大小梅花一样香"，之后才会有"滋养众心"。

　　在社会中，人们会因为地位的尊卑，家境的贫富，相貌的美丑而评断一个人，于是有些人的尊严便被践踏，会感觉抬不起头。盛噶仁波切活佛就曾写过《再丑，也是人》的小文。文章写道，现在，越来越多的人造美女不断新鲜出炉，其实，我觉得人嘛，长得再丑，也是人。是人，就总会有不同，有高矮胖瘦之分，有美丑黑白之分，有肤色人种之分，但这只不过是用来区分人群的一种标准而已，说到底，大家的本质还不是一样的?都是人啊！但是，要求每个人都以一颗无差别的平等心对人，目前似乎还远远达不到，也正因此，人们才会蜂拥至整形医院及美容医院的门前，大张旗鼓地要求把自己这个丑小鸭经过人工修整变成白天鹅！长得丑，谁也不愿意天生如此，但是，再丑也是人。

　　活佛一席话，就是告诉我们要用无差别心去看待所有员工，让员工感觉到了平等，就是管理者满足了员工心里对个人尊严的需求，这就是一种心灵的激励。

拿管理者满足员工对平等工作环境的需求这一点来说吧，这其中就包含着心灵激励。管理者能与员工打成一片，不分彼此，这样员工也就不会有距离感，员工也自然接纳了管理者，消除了隔阂。像有的公司就取消了为经理专门提供的停车场、洗手间、餐厅，让管理者和员工有更多机会在一起谈话讨论甚至是争论，和工人一起"摸爬滚打"。

曾有一位管理者公开表示："凡是我能做的，大家也有权做。"这种做法满足了员工的平等感，而管理者与员工同甘共苦，由此缓和了两者之间的矛盾，协调了关系，也创造了良好的氛围。在这样的条件下，员工的归属感、认同感得到了满足，自然加深了员工对公司的感情。

再拿管理者满足每个员工对个人尊严的需求来说，如能做到不以职位高低或贫富差异而有不同对待，那么，员工肯定就会更好地为企业工作。如摩托罗拉创始人高尔文的儿子、现任董事长小高尔文说："摩托罗拉是一个家族企业，什么都能变，我们的信念不能改，就是对人保持不变的尊重。"

摩托罗拉的文化建立在两个基本信念之上：一是对人保持不变的尊重；二是坚持高尚的操守。摩托罗拉在世界各地的员工每三个月都要接受一次"肯定个人尊严"的问卷调查，可能是通过电子问卷，也可能是书面问卷。摩托罗拉对回答问题的要求是：对六个问题要真实地回答"是"或"否"，如果对问题不能肯定地回答"是"，那就请一定回答"否"，每一个"否"标志着在就业尊严上还存在某种缺陷。问卷调查的目的就是要真实地揭示就业尊严上现存的一切缺陷，实现就业尊严的完美是员工与公司的共同责任。摩托罗拉这种"肯定个人尊严”的体系保证了员工的稳定，更促进了企业的发展。

可见，我们不否认高薪等物质上的奖励能调动起员工的工作激情，但那不是唯一的，作为企业管理者，一定要懂得，只有心理需求的满足，才会使员工长久地激情工作。

六、佛说四事不可轻

在激励员工方面，管理者还有一点不能忽视的，就是要对年轻人多激励、多扶持，要让年轻人得到锻炼自己、超越自己、快速成长的机会。

《增一阿含经》卷二十五《五王品》第三十三中说，佛陀成道时还很年轻，才三十多岁，但每当佛陀说法，全城人都会踊跃来听。

波斯匿王以为，全城人都踊跃去听法，说法者必定是位德高望重、年事已高的人，没想到佛陀原来还很年轻，于是心中就有些疑惑，他问佛陀："您真的对世间的一切都觉悟了吗？您真的可以解答人生种种疑惑？"

佛陀说："大王啊，世间有四种事你不可轻视！王子年少不可轻视，龙蛇虽小不可轻视，火苗虽小不可轻视，沙弥年纪幼小，也绝不可轻视。"佛陀解释说，王子虽然刚出世，但他将来长大后会继承王位，统领国家，故不能轻视他；龙可呼风唤雨，掌握气候，它可以让天下风调雨顺，万物欣欣向荣，也可以久旱无雨，造成灾害；蛇有剧毒，可置人于死地，所以龙蛇均不可轻视；火苗虽小，但星星之火，可以燎原，亦不能轻视；年少的出家人叫沙弥，少年即深入经藏，吸收很多觉悟之道，他对未来的人会有很大贡献，故不可轻视。波斯匿王听后觉得很有道理，因此就很敬重佛陀，后来也皈依在佛陀座下，成为一位没出家的大护法王。

从这个故事中我们可以悟到，今天的"小"必将成为明日的"大"，今天的"弱"必将成为明日的"强"。我们在用人上不轻视员工中今天的"小"和"弱"，更多地激励他们，才会使他们尽快地成为"大"和"强"。其实，年轻人与长者比，有活力，多想法，而长者呢，又比年轻人有经验。管理需要经验，也更需要活力。年轻人自身拥有类似"井喷"的那么一股力量，这股力量对于企业来说是非常宝贵的，但它需要管理者去激发，切不可只看经验，而不识"骏马"。

给年轻人成长机会的重要性，我们不妨看看与佛教有关的文学名著《西游记》。我们暂且把佛教比作全球名列前茅的"跨国大公司"，这个公司为了实现全球化发展战略，在中国做市场推广，经中外高层领导慎重决策，千挑万选看中了唐僧，即委以中国区域首席代表的重任，希望他取回真经、传承衣钵、拓展事业、做大做强。并给他配备了精兵强将悟空、八戒、沙和尚做助手，白龙马为坐骑。

如果光从表象上看，唐僧的个人才干与他的几个助手相比，似乎一无所能。论降魔伏妖，他不如神通广大的孙悟空；论吃苦耐劳，他不如憨厚拙笨的猪八戒；论勤勤恳恳，他不如任劳任怨的沙和尚。年龄上，他不能比 500 年前就出生的孙悟空，还是个年轻人，比起做过天蓬元帅、卷帘大将的猪八戒和沙僧，他更可以说没有一点管理经验，但公司大老板偏偏让他做了中国区域市场开拓的第一把手。原因很简单，就是因为唐僧具有以上几位均不可比拟的对事业的坚定信念，有不取回真经绝不罢休的执著精神。而这一重用，又恰恰激励了年轻的唐僧。尽管取经路上师徒四人经历了九九八十一难，悟空几次含冤离职，八戒也多次叫嚷散伙，但只要唐僧在，信念就不灭，团队就不散。最后他们终于取回了真经，唐僧也成为了一代宗师。这不能不说是公司高层选拔主帅的远见卓识：要给有坚定信念的年轻人一个成长的机会。

在企业内部，管理者需要人才，而年轻人中往往有人才，这时，管理者同样应该放下"自我"，去掉"我执"，在沟通中以平等的心对待每一个渴望自我成长的年轻人，并给他们机会。

一个好的企业，既要有老人，也要有年轻人，以湖人队为例，科比是老球员，但球队不是他一个人的，打球是五个人的事，倘若只有他一个老球员打得好，而没有其他年轻球员的支持，球队肯定会输。所以湖人招来了奥多姆、拜纳姆等年轻球员以支持科比，湖人也在这些年轻球员的成长中成长，赛季战绩越来越好，这些是年轻人有所成长的功劳。

惠普公司的成功，也与管理者给年轻人成长机会有很大关系。中国惠普公司用人不拘一格，既青睐有丰富从业经验的人，也欢迎"一张白纸"的大学毕业生。惠普管理者认为，有丰富经验者，会少犯错误，减少公司的损失；而一名大学毕业生，却充满着原创力，善于想像，勇于创新。惠普敢于给年轻人机会，有完善的培训机制，帮助他们成长。

企业要发展，就需要企业管理者给年轻人成长的机会，给他们提供舞台、场地，将富有挑战性的工作交给他们，这本身就是对他们的激励和鞭策。千万不要轻视年轻人，这对企业的用人和发展来说，实为一条大忌。

七、你也大他也大，我最小

我们可以坦言，比起金钱物质方面重奖的高成本激励方法，在用人上有一种零成本的激励法，那就是最简单易行然而又是最不容易做的，是大家谁都能做到然而又是很多人都做不到的——赞扬。韩国某大型公司的一个清洁工人，本来是一个最被人忽视、最被人看不起的角色，但就是这样一个人，却在一天晚上公司保险箱被窃时，与小偷进行了殊死搏斗。事后，有人为他请功并问他为什么如此英勇，他的回答出人意料：公司的总经理从他身边走过时，总会不时赞美他"你扫得真干净"。真可谓：士为"赞赏"者死！

美国哲学家约翰·杜威曾说："人类本质里最深层的驱动力就是希望具有重要性。"每一个人来到世界上都有被重视、被关怀、被肯定的渴望，当你满足了他的要求后，他就会对你重视的那个方面焕发出巨大的热情，并成为你的好朋友。

世界著名杂志《福布斯》的领导人特别善于运用"赞扬"这一武器，让员工感到自己的重要。他不用多发给员工薪金，只用一句话，拐着弯地激励了员工。

布鲁斯·福布斯是个很有魅力的人，他平时和员工接触很多，大家对他印象也很好。在发圣诞节奖金时，为了避免给人以施舍的印象，他会走到每个人桌子前面，连收发室的员工也不漏掉，握着他们的手说："如果没有你的话，杂志就不可能办下去"。

这句话尽管有些夸大其辞，但让每个人都感到温暖，感到了自己的重要，油然而生一种敬业感和责任感。

马孔·福布斯同样深谙此道，而且运用得更为巧妙。有一次，某周报的承包印刷商送给他一瓶香槟，恭贺这份刊物的订户超过 2.5 万大关。马孔·福布斯立即叫人把这瓶香槟送给了主持此周报工作的雷·耶夫纳，并且还附了一张纸条说："这是你的功劳。"雷·耶夫纳自然很高兴，更要加倍地效力了。

有一回在一家餐厅吃饭，一名高级主管抱怨他们的公司作业杂乱无章，出了不少问题，马孔·福布斯马上回头对他的一位高层管理人员说："杰夫，你快告诉他，你是怎么解决我们杂志的问题的吧。"这位高层管理人员感叹："我们老板最会找机会赞扬别人。"赞扬员工，就会使员工感到自己的重要。

你要别人怎样对待你，你就得先怎样对待别人。纽约电话公司曾就电话对话做过一项调查，看在现实生活中哪个字使用率最高。在 500 个电话对话中，"我"这个字使用了大约 3950 次。这说明，不管你是什么人，不管你实际状况如何，在内心中都是非常重视自己的。

在美国的历史上，鞋匠的儿子林肯在他当选总统的那一刻，许多参议院的议员都感到尴尬，因为美国的参议员大部分都出身于名门望族，自认为是上流、优越的人，他们从未料到要面对的总统是一个卑微的鞋匠儿子。

但是，林肯却脱颖而出，赢得了广大民众的信赖。

当有人问林肯有多少财产，人们期待的答案当然是多少万美元、多少亩田地，然而林肯却扳着手指这样回答：

"我有一位妻子和一个儿子，都是无价之宝。此外，租了三间办公室，室内有一张桌子、三把椅子，墙角还有一个大书架，架上的书值得每人一读。我本人又高又瘦，脸蛋很长，不会发福。我实在没有什么依靠的，唯一可依靠的财产就是——你们！"

"唯一可依靠的财产就是你们"，这正是林肯取得民心的最有效的法宝。

我们要想让他人感到自己的重要，就要处处替他人着想，切忌以自我为中心。管理者要学会从他人的角度来考虑问题，就要善于作出适当的自我牺牲。放大他人，缩小自我。用佛家之言就叫"你也大他也大，我最小"。

鲍勃在一家保险公司做经纪人，他年轻时就凭借杰出的表现得到了业内人士的认可。有一年，他应邀同其他一些高级经纪人出席全国营销会议，并发表讲话。在众多的听众之中有一位叫龙尼的人，他也是一位具有传奇色彩的经纪人，比鲍勃年长30岁。

可是，就在鲍勃发言的时候，有一件事引起了他的注意，并使他久久不能忘怀。龙尼，这个经验丰富的老经纪人，在鲍勃发表讲话时竟一直在认真地做着笔记。这本来是一件小事，但龙尼的举动竟出乎意料地使鲍勃受到了莫大鼓舞，这让他从心底里有一种"自己重要"的感觉。这件事给鲍勃增加了自信，令他感到自身存在的价值，并激励他一生。

作为管理者，身处显位，手握重权，在用人上要能真正做到这一点，那你肯定是一个脱俗、大智的超越者！

八、离苦得乐，激励治心

佛学理论启迪我们在用人上如何有效地激励员工，其实还有一个最现实的方法，那就是用"离苦得乐"来激励每位员工的心。仔细剖析思考企业管理上的用人之道，就不难发现，对"人生是苦"的认识及反应，其实是成为管理者与被管理者的需要、行为、态度及动机等的核心影响因素。倘若不信，不妨先看看佛家讲的什么是"苦"。

人们在日常生活中所感受的有生苦、老苦、病苦、死苦、爱别离苦、怨憎会苦、求不得苦、忧悲恼苦等八苦，前四种属于人的自然属性，后四种则是属于社会属性。在不同的生活阶段，每个人根据自己的实际生活状况对"苦"有不同的感知。每一种苦基本上是从身、心两个方面对人产生影响。各种不同的苦，是以相互交叉、重叠的方式出现，相互影响、相互作用，共同左右人的身、心。每个人一生的所有行为，无论是有意识还是无意识的，其目的都可以归纳为趋利避害，即人的一生是不断消除苦而求乐的一生。

就企业的管理而言，对员工的各种管理措施能否奏效，取决于员工的"苦"能否被舒解及舒解的程度。也就是我们用各种物质和精神的激励手段，去对治员工的种种"苦"。《财富》杂志 2001 年评选出的全美 100 家最佳雇主企业中，成立于 1977 年的私营软件研究所赛士名列第二。调查显示，该公司员工具有强烈的工作积极性，工作效率非常高。之所以如此，是因为公司确保只要员工能够做好自己的工作，他们的各种需要就会得到满足，也就是他们工作生活中感到的"苦"最大程度地被公司给消除了，公司使他们离苦得乐，从而强烈地激励了员工。赛士公司的激励措施用佛学来解释，就叫"离苦得乐"法。

首先是消除穷苦。佛陀视穷苦为苦中之苦，比死苦还苦，《金色王经》中说："何苦最为重？所谓贫穷苦。"受到了穷苦就是生活的基本物质条件、身心健康得不到保证。而赛士公司向员工提供合理的报酬、安定的工作，以满足他们的经济安全需要。经济安全就每个员工而言，就是经济收入的稳定性和合理性。当今社会，企业员工基本上以工资为主要收入。失业，意味着失去稳定的收入来源，经济没有了稳定性，"穷苦"开始产生。合理性是员工就自己的工作能力、工作内容及相应报酬对公司提出的公平要求。其实人们对公平的期待，实质是在基本物质需要比较容易获得满足的社会中，人们对于"穷苦"概念的另一种演绎。

其次是消除求不得苦。公司确保所有的员工都能从所从事的工作中得到激励；鼓励员工变换工种以避免长期从事一项工作而产生的厌倦感；所有新产品的开发都是由内部进行，使参与开发的员工充满成就感。道理是什么呢？因为长期从事同一项工作将使员工本身造成"作为人的退化"，引起员工对该工作的厌恶。因此，在周而复始的工作内容中，员工不可能产生任何成就感。赛士公司通过员工的自由转化工种，不仅避免了这方面的问题，而且大大增加了员工满足全部或部分"自我实现"需要的可能性。我们知道，"自我实现"需要的满足不可能仅靠常规工作得以实现，即"自我实现"不等于"职业发展目标"，而必须是终生为之奋斗的目标。而且，企业的管理者在通常情况下是不可能了解员工真实的"自我实现"需要，员工一旦依据自己的"自我实现"需要而选择工种，则开始了其满足该需要而努力奋斗的第一步，自然而然地产生最大的激励效果。通过参与新产品的开发，不仅满足其对成就感的追求，而且也配合了员工个人"自我实现"的步伐。

还有就是消除忧悲恼苦。此中的忧悲恼苦包括两个方面，一是员工对家庭成员无人照顾的担忧，二是员工对身体健康的担忧。为尽可能地消除员工的忧悲恼苦，赛士公司为员工的孩子提供日托，员工还有医疗和无限制病假等制度，公司的餐厅每套餐桌都备有高脚椅，方便员工与自己的孩子一起进餐。公司在所属的 200 英亩园区内设有儿童学前教育学校。这些实实在在的激励手段不但使员工们远离了托儿所、学校、医院费用等昂贵、沉重的家庭经济支出的"苦"，而且身为父母的员工在工作中也不用再对子女牵肠挂肚了，这就大大提高了他们的工作效率。

另外，亚健康已经成为企业员工普遍的健康隐患。作为人们生活中原本没有多少关联的两个范畴，健康与工作，在竞争日益激烈的商品市场及职业竞技场中，相互冲突以至于逐渐形成不可调和的矛盾。现在大家公认，适当的健身运动及幽静的自然环境有益于人们的身心。所以，赛士公司自身拥有的 200 英亩园区完全为员工开放，并在园内设有慢跑道、健身房等措施，是公司解决健康与工作这一矛盾的努力。这些措施结合公司的医疗政策，基本解决了员工关于"病苦"的担忧。

由此可见，管理者如果能从解除员工身、心方面的"苦"着眼，通过系统周密的调研理清企业员工所面临或正在承受的"苦"的种类、程度和属性，正确应用激励手段，适度满足员工消除各种"苦"的需要，使他们真正在内心里"得乐"，那么，这种让员工"离苦得乐"的激励手段，就是佛家治心的菩提大智慧的绝妙体现！

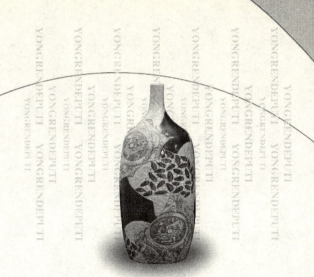

第六章　人过与己过　拒人与说不

世上无圣贤,谁人不犯错。管理者对员工的过错要讲究批评艺术,要善于用巧妙幽默的方式来达到批评的目的。另外,管理者也要时常看到自己的过错,正视别人对自己的批评。管理者还要在用人方面善于说不,掌握合情合理的拒绝之道,学会星云法师"拒绝时能有替代"这一佛门妙法,还要学会宗仰法师"不拒绝"的菩提智。

一、"仙涯三法则"与心灵的沐浴

企业在用人上肯定离不开对员工的批评，没有不犯错的员工，问题的关键是作为管理者怎么批评员工才最有效。谁都会批评别人，你的批评如何能带有点艺术性，这就要讲点用人的菩提智了！我们先看禅宗公案里的一个故事。

仙涯和尚的僧徒很多，僧徒中有一个叫湛元的弟子，他不守戒律寺规，"问题"相当严重。城里花街柳巷很多，湛元时常偷偷地爬过院墙，到花街去游乐。他的心太花了，一听说哪条巷子里又来了一位如花似玉的美姬，就下定决心要去一次。一来二去，寺内的僧众们都传开了，这事连他的老师仙涯和尚也知道了。大家都认为湛元一定会被逐出山门，可仙涯只应了一声："呵，是吗?"

在一个雪花飘飘的晚上，湛元拿了一个洗脸盆垫脚，又翻墙寻花问柳去了。仙涯和尚知道后，就把那个盆子放好，自己在放盆子的地方坐禅。雪片覆满了仙涯的全身。

拂晓时分，湛元回来了，他用脚踩在原来放盆的地方，发现踩的东西软绵绵的，跳下地一看，原来是老师，不觉吃了一惊。

仙涯说："清晨天气很冷，快点去睡吧，小心着凉。"自己也像毫不在意似的回到方丈室里。湛元从此痛改前非。

批评是一门艺术。这里仙涯和尚给了我们有效批评的三个法则。第一法则是无言的批评胜过有言的批评。这就是说，选择什么样的批评方式太重要了。当下属不服批评时，并不是你的批评不对，而往往是你批评的方式不对。与仙涯和尚很相似的还有一个国外的企业管理者叫约翰·瓦纳梅克。他每天都要到自己的店里去一趟。有一次，有位顾客等在柜台前，没有人理会她。店员呢?他们正聚集在另一个角落里聊天嬉笑。瓦纳梅克不说一句话，静静走到柜台后，亲自帮那位女士结账。他把东西交给店员包装后，便走开了。

批评从某种意义上说是一件高难度的事，其技巧起码比表白要高。因为不同的人由于经历、文化程度、性格特征、年龄等的不同，接受批评的能力和方式有很大的区别。因此需要管理者一定要因人而异，不要不顾对象地都用一种批评方式。因为，一种批评方式对这个下属有效，但未必对另一个下属有效。像湛元那样的人，如果仙涯和尚用严厉的语言斥责他，很可能我们今天就看不到这个故事了。

其实，谁听到批评，也不会像听到赞扬那么舒服。但别忘了，当我们选择的批评方式对了路子，被批评者是会接受并努力改进的。湛元能痛改前非，就是仙涯和尚用对了批评方式。因此，对不同的人采用不同的批评方式，才能达到理想的效果。这就要求管理者根据不同批评对象的不同特点，采取不同的批评方式。

仙涯和尚提示的第二个法则就是批评要讲究场合。他对湛元的无言批评是在无任何他人在场的深夜寺墙之下，这给湛元留了很大面子，寺内其他僧人谁也不知道。

有些管理者总觉得批评、责备人是件严肃的事，于是总会下意识地找个正规的场合，用比较严肃的语气和表情进行批评，而且批评还不单独进行，找上几个领导一起批评。那不就成批斗会了？结果会让对方感到无地自容，脸面丢尽，甚至对生活都会失去信心。其实，批评与责备是很讲究场合的。如果能在私下里提醒，而不是当着许多人的面，那才是最好、最巧妙了。批评时，不要让第三者在场。对下级的一般性过失，不要当众批评，特别是不要当着其他下级的面来批评。有别人在场，会增加对方的心理负担，会影响他接受批评的态度，不但不服气，反而会对你产生怨恨！正确的办法是和对方个别交谈，这时他会体会到你对他的关怀和体贴，有利于他认识自己的问题。

　　仙涯和尚提示我们的第三个法则就是能以一种巧妙的、幽默的方式责备对方，这是最好不过的了。在玩笑中提醒了对方，也在玩笑中告诉了对方自己不在意。比如有位玛姬·贾可布太太，她就巧妙地使懒散的建筑工人养成了良好的事后清理的好习惯。

　　贾可布太太请了几位建筑工人加盖房间。刚开始几天，每次她回家的时候，总发现院子里乱七八糟，到处是木头屑。由于这些建筑工人的技术比较好，贾可布太太不想让他们反感，便想了一个解决的办法。她等工人们离去之后，便和孩子把木屑清理干净，堆到园子的角落里。第二天早上，她把领班叫到一旁，对他说："我很满意昨天你们把前院清理得那么干净，没有惹得邻居们说闲话。"从此以后，工人们每天完工之后，都把木屑堆到园子角落里，领班也每天检查前院有没有维持整洁。

　　作为管理者，批评下属是一件不太轻松也不容易的事情，有时会令人感到无所适从。但是，谁都会犯错误，如果管理者不懂得如何批评下属，就有可能降低部门的工作效率，甚至影响整个团队的工作情绪。所以，作为管理者，从不批评人是不可能的，关键是要学会仙涯和尚的巧妙、幽默，或在玩笑中提醒对方。掌握了"仙涯三法则"，批评应既是轻松的圆舞曲，又是令人难忘的心灵沐浴。个中妙趣，全在你怎么拿捏了！

二、有根有据，心服口服

　　管理者对下属员工的批评，一定要重事实，有根有据，这样才会使被批评的员工心服口服，达到我们批评的目的，使批评成为有效的批评。那么，不重事实，没根没据又会怎样呢？我们先看看春秋战国时期宋国国王的一个可悲下场就知道了。

　　西周时期的宋国是地处中原腹地的一个小国。自周武王灭商，由周公赐地封侯以来，这个由殷商后裔掌管的小国统治者一直过着苟且偷安、无所作为的生活。直到春秋末年，强大的齐国起兵攻打宋国时，宋王还没有警觉。他虽然派了人去了解齐兵进犯的情况，但是对打听消息的人提供的情况并不相信。他派的探马回来说："齐兵已经迫近，都城里的人都很恐惧。"

宋王身边的大臣却说："他这种说法分明是在动摇人心，是一种内自生乱的表现。以宋国的强大和齐国的弱小而论，哪里就会危险到这种地步呢？"

宋王听了这样的解释，立即以欺君之罪杀了那个探马。紧接着，宋王又派一个人再去了解齐兵的动向，探马回来以后说的情况和前一次没有两样，宋王愤怒之余又杀了这个探马。在很短的时间内，宋王竟一连下令杀了三个探马。

随后，宋王又派了一个人出去侦察。这个人出了城没走多远就发现了齐民，他在回城的路上碰到了自己的哥哥。哥哥问道："齐国马上就要兵临城下，宋国的都城危在旦夕，你现在打算到哪里去？"

弟弟回答说："我受宋王之遣出来侦察敌情，没想到敌人已经这么近了。我正想回城报告敌兵迫近、国人恐慌的情况，但是又怕落得如同前几个探马那样的下场。讲真话会死，不讲真话被人发现恐怕也会死，所以此刻我不知如何是好。"

他哥哥对他说："你千万不能再报告实情了。只要不是立即就死，即使齐兵攻破了城池，你还有一线逃生的希望。然而你若报告了实情，肯定会比别人先死。"

弟弟按照哥哥的意图去做了。他回报宋王说："我出北门骑着马跑了好大一阵工夫，连个齐兵的影子也没见到。刚才进城后我看到各家各户都很安定。"

宋王听了这话非常高兴。那些粉饰太平的大臣们借机表功地说："先前的那几个探马真死得应该。"欢喜之下，宋王赏了这个探马很多金钱。

此后不久，城门外齐兵旌旗如林、杀声震天。宋王看到大势已去，悔之莫及。他在仓惶之中带了几个护身的将领，匆忙跳上马车逃跑了。

因为形势紧迫，没有人去追究这个撒谎的探马。他趁都城上下一片混乱，逃离了宋国。后来他在别的国家竟然成了一个大富翁。

那个既可恨又可悲的宋王，仅凭自己的主观意愿去判断别人言行的真伪，结果弄得国破家亡。

由此我们可以悟到，管理者批评下属一定要以事实为根据，千万不能根据推测，或轻信他人之言。盲目下结论，使下属蒙冤，自己也可能因此受到伤害。那种一时激动就不分青红皂白对下属进行批评，而忽略了对客观事件本身进行全方位调查的愚蠢做法，是万万不可为的。管理者切记在批评人之前，一定要弄清事实真相。

其实，管理者用人时有褒有贬，有赞扬有批评，这都是情理之中的事，再正常不过了。对下属不可能只有赞扬没有批评，关键是你依据事实来批评他，能让他口服心服，反之，他就口不服心也不服，或者表面上口服而内心根本不服。

三、当头棒喝，响鼓重捶

在禅宗《宗门武库》里为了说明参禅的不易，专门讲了与禅宗的棒喝很相近的一个故事。这个故事说，有个人做了一辈子的贼，他儿子说："你老人家老了，手脚也迟钝了，把贼技传给我吧，我以后还要生活呢。"

他老子说："做贼也不容易，你真要学，晚上跟我走。"

晚上他们到了一户人家，找到一口大柜，把锁打开，老子让儿子进去拿东西，却突然把柜子锁上就走了。这下儿子着急了，如何得了呢？总得想个法出去吧。他情急生智，就在柜子里学老鼠咬衣服的声音。主人听到不对，起来点灯开柜子。问题又来了，柜子一旦打开不就会被人抓住吗？

他又生一计，一拳把鼻子打出血，往脸上一抹。主人一开柜子，他忽地直立起来。主人看见这个怪物吓昏过去了。他偷了东西，大摇大摆地回了家。老子问他时，他很发火，说："没有你，我就回不来吗？"他把经过一讲，老子说："恭喜了，我办的是贼技速成班，一夜就把全部要害都传给你了，你现在比老子还强了。"

《宗门武库》里记载，憨山大师曾给妙峰和尚讲过这个故事，妙峰和尚哭了，他说："我不是哭别的，是哭老贼啊，老贼是父子情忍啊!"老子要是不狠下心来，把儿子锁在柜子里逼其自找出路，这个绝技如何传？这招儿不是心疼儿子能传得了的。那么，禅宗棒喝也不是一招一式可以学得来的，也需要这种策略。

这个故事告诉我们，管理者要掌握批评的轻重度，要因事而异。一般的小过失，轻描淡写的批评就能解决问题；但比较严重的错误，比较顽固的人和态度，你就必须要狠下心来响鼓重捶，否则是难以奏效的。

有一位被很多人不理解、骂为"疯子"的管理者，曾经把所有下属经理的椅子靠背都锯掉，这一做法就大有禅宗棒喝的味道。

麦当劳快餐店创始人雷·克罗克，是美国社会最有影响的十大企业家之一。他不喜欢整天坐在办公室里，大部分工作时间都用在"走动管理"上，即到所有分公司和部门走走、看看、听听、问问。

麦当劳公司曾有一段时间面临严重亏损的危机，克罗克发现，其中一个重要原因是公司各职能部门的经理有严重的官僚主义，习惯靠在舒适的椅背上指手画脚，把许多宝贵的时间耗费在抽烟和闲聊上。

于是，克罗克想出一个"奇招"，在不做任何说明和解释的情况下，突然下令将所有经理的椅子靠背都锯掉，给他们"当头一棒"。

开始很多人不理解，还骂克罗克是个"疯子"，不久大家明白了他的一番"苦心"，也纷纷走出办公室，深入基层，进行"走动管理"，及时了解情况，到现场去解决问题，终于使公司扭亏为盈，走出困境。克罗克的做法不是禅味儿很浓吗？

禅宗认为：棒喝，棒喝，一棒一喝，一行一言，一打一说，两者交互使用，更会变化无穷。因为，行棒是纯刚至烈的，而行喝则是刚中有柔的。

我们通常说的触动式批评，就属于行喝。措辞尖刻，用语激烈，但又刚中有柔。在这方面松下幸之助的"行喝"之功，可谓达到了"炉火纯青"的地步。

有一次，下属后藤清一违反松下公司规定，未经请示就擅自变更了承包定额单价，被松下知道了。

晚上10点，后藤被叫去了。正在同客人谈话的松下立即当众大声责骂，客人出面求情也不肯罢休。松下一边骂，一边用捅炉子的铁通条使劲敲打火炉。松下发现通条被敲弯了，才大声命令说："你把它弄直了再回去吧!"

后藤有贫血的毛病，在这暴风雨般措辞尖刻、用语激烈的斥责下，悔恨交加，当场昏倒了。松下立即让人送他回家，并多方关照。

第二天刚上班，松下就给后藤打电话："后藤吗？我没有什么特别的事；只想问一下，是否还介意昨晚的事。没有？那就好了。"

后藤被感动了，紧紧握住话筒，被松下痛责的懊恼心情顿时全消。松下的这后一做法，正体现了"行喝"中的刚中有柔。

其实，松下决不仅仅是为了发火出气而斥责人。他批评谁以后，一定亲自或通过别人，了解你对错误是否有了反省，将以什么态度去对待工作，对他的批评意见有无误解等等。如果有误会，就设法消除。一般人被批评后都产生积极的效果。这说明松下用完"行喝"后，他更关心效果如何。

批评下属方法多多，管理者只要关注一点就行，那就是两个字：效果。

批评下属方法多多，管理者只要关注一点就行，那就是两个字：效果。

四、常见我错，一定不错

员工有错，管理者对之批评当然是毫无疑问的，但是在批评别人时，是否能常想想自己有没有错儿？常想想人家的错儿是不是也有自己的因素？这也是管理者在用人上的一种拨云见日的开悟。

星云法师说，1952年，当他26岁时，就当选为台湾佛教会常务理事。在佛教会中，他多次直言不讳地抨击长老把持教权，应及早退休。为了《人生杂志》，他曾和东初法师辩论；为了教会制度，他曾和白圣法师多次议论；他还曾和南亭长老争执，常常都是弄得不欢而散。星云法师说，后来他悟出了个中道理：自己当时那么年轻毫无建树，却想先反对、批评别人，这样的"革命"当然注定是要失败的。而且总是"向外革命"、"向别人革命"，其实不如"向内革命"、"向自己革命"更重要。也就是说，在批评别人时，先想想自己有没有错儿，想想人家的错儿是不是也有自己的份儿。

在企业管理中，没有哪个下属不愿把工作干好，不愿出色表现，所以大多数的错误不是由下属主观引起的，可能是多种因素的综合结果。管理者在批评下属时，就应认真地反省自己应该承担的责任，一味地批评别人，而不反省自己的错误，那就是你没有"向自己革命"。

其实，管理者在批评人时要能常以"你对他对我错"的心态去处理，收效一定不错！有一家著名的国外电机制造厂召开管理人员会议，会议的主题是"关于人才培训的问题"。会议一开始，瑞恩斯董事就提出自己的意见："我们公司根本没有发挥人才培训的作用，整个培训体系形同虚设，虽然现在有新进员工的职前训练，但之后的在职进修却成效不大。员工们只能靠自己的摸索来熟悉自己的工作，因而造成公司的员工素质普遍低下、效率不高。所以我建议应该成立一个组织员工进修的训练机构，不知大家看法如何？"

总经理说："你所说的问题的确存在，但说到要成立一个专门负责培训员工的机构，我们不是已经有员工训练组织了吗？据我了解，它也发挥了一定的作用，我认为这一点可以不用担心……"

瑞恩斯说："诚如总经理所说，我们公司已经有员工训练组织，但它是否发挥实际作用了呢？实际上，员工根本无法从中得到任何指导，只能跟一些老员工学些已经过时的东西，这怎么能够将员工的业务水平迅速提升呢？而且我观察到许多员工往往越做越没有信心。"

总经理说："瑞恩斯，你一定要和我唱反调吗？好，我们暂时不谈这个话题，会后，我们再做一番调查。"

一个月后，公司重新召开关于人才培训的会议。这次总经理首先发言："首先我要向瑞恩斯道歉，上次我错怪了他。他的提案中所陈述的问题确实存在。这个月我对公司的员工培训进行了抽样调查，结果发现它竟然未能发挥应有的功效。因此，今天召集这个会，请大家尽量发表意见吧！"

由此可见，作为管理者，当我们批评他人时，也应当考虑到自己

作为管理者，当我们批评他人时，也应当考虑到自己要承担的责任，不要企业一出事，就全归罪于下属，并且还要有勇气说道歉的话。

要承担的责任，不要企业一出事，就全归罪于下属，并且还要有勇气说道歉的话，敢于"向自己革命"。在这方面星云法师也是榜样。1992年夏季，因为耐特台风袭击，雨水成灾，造成台湾南部地区一片汪洋泽国，佛光山东山的沙石大量流失。远在岛外的星云法师闻后匆匆赶回，看到塌方流失的土石及满目疮痍的坡地，很是伤感。但他没有责怪主事的职事照顾不周、防范不严，反而召集寺众，对大家说："这次意外事件怪我当初没有用心把挡土墙做好，让佛光山遭受损失。"徒众们听了之后，都异口同声地回答："这不是挡土墙做得不好，而是我们没有随时清理水道。"

从国外那家电机制造厂的总经理和星云法师的做法中，我们可以清晰地看到，所谓拨云见日的开悟中所要拨的"云"就是只看员工有错，不想自己有错；所要见的"日"就是常想"你对他对我错"。因此，当我们批评别人时，只要能拨去那"云"，常见那"日"，你在批评别人时就肯定不会错！

五、接受下来，低下头来

作为企业管理者，不但批评别人要讲究艺术，还有一个怎么面对来自别人或下属批评自己的问题。从前有一群人坐在屋里闲聊，他们感叹某人的道德品行都很好，只是有两个小毛病，第一是容易发脾气，第二是做事太冒失、欠考虑。

这时，那个被议论的人正好从门外经过，却偏偏听到大家议论他的这些话，非常生气，立刻走进屋里，大发雷霆，揪住说他缺点的那个人，抬手就打。

旁边有人质问他："你为什么打人？"

他回答说："我什么时候喜欢发脾气？我哪里做事冒失？可是这个人说我喜欢发脾气和做事欠考虑，所以我要打他。"

旁边的人便告诉他："你现在这种举动，正说明你确实爱发脾气和做事莽撞，你的这些做法大家都看到了，为什么还要忌讳自己的缺点被别人议论呢？"

受到他人批评时，我们应该怎么做呢？一般有针锋相对、否定自我、置之不理，还有就是正视别人的批评这四种。针锋相对，人人都认为自己是正确的，而且总想证明或说服别人自己是正确的。这样的结果一般是谁也说服不了谁，最后不了了之，大家都不愉快。有一则故事就说明了这个道理。

从前有一户姓张的人家与一户姓李的人家毗邻而居。张家经常吵闹不休，李家却和睦互敬。有一天，张先生问李先生："为什么你们家到处充满欢乐，我们家却天天像个战场一样？"

李先生回答说："因为你们家都是好人，我们家都是坏人。"

张先生不解其意，问道："此话怎讲？"李先生就讲出了其中的道理。原来，在李家，如果有人将茶杯打破了，一定有人赶快跑去"认错"："是我不好，把杯子放得太靠边了，害你满身都弄湿了，有没有伤到手啊？"打翻的人也会连忙说："没事，没事，是我自己不小心，对不起，把你吓着了。”

但是，这件事如果发生在张家，打翻的人会说：“是谁这么缺德，把杯子放得这么靠边，害我全身都弄湿了？”另外一个人就立刻反驳：“是我放的杯子，怎么样？你自己不小心，还要赖到别人身上！”就这样你一言、我一语，大家都不肯“认错”，张家当然就不会安宁了。

作为管理者，恐怕谁也不喜欢被别人批评，那么有没有什么办法可以避免批评的产生呢？那就是正视批评。我们可以看一看卡耐基大师面对批评是如何做的。

卡耐基住的地方，步行一分钟，就可到达一片森林，他常常带一只小猎狗到公园散步，它是一只友善而不伤人的小猎狗，叫雷斯。美国法律要求要给危险的宠物狗系链或戴口罩，因为在公园里很少碰到行人，卡耐基大师就常常不给雷斯系狗链或戴口罩。

有一天，卡耐基和他的小狗在公园遇见一位骑马的警察，他好像迫不急待地要表现他的权威。

“你为什么让你的狗跑来跑去，不给它系上链子或戴上口罩？”他申斥卡耐基，“难道你不晓得这是违法的吗？”

“是的，我晓得。”卡耐基回答，“不过我认为它不会在这儿咬人。”

“你认为！法律是不管你怎么认为的。它可能在这里咬死松鼠，或咬伤小孩子。这次我不追究，但假如下回我在公园再看到你们，你就必须去跟法官解释啦。”卡耐基客客气气地答应遵办。

可是雷斯不喜欢戴口罩，卡耐基也不喜欢它那样，因此决定碰运气。一天下午，他们在一座小山坡上赛跑，突然又碰到了一位警察。

卡耐基决定不等警察开口就先认错。他说：“警官先生，这下你当场逮到我了，我有罪。我没有托词，没有借口了。上星期有警察警

用人的菩提

告过我，若是再带小狗出来而不替它戴口罩就要罚我。"

"好说，好说。"警察回答，"我知道在没有人的时候，谁都忍不住要带这么一条小狗出来玩玩。"

"的确是忍不住，"卡耐基回答，"但这是违法的。"

"像这样的小狗大概不会咬伤别人吧？"警察反而为他开脱。

"不，它可能会咬死松鼠。"卡耐基说。

"你大概把事情看得太严重了。"他告诉卡耐基，"你只要让它跑过小山，到我看不到的地方，这事就算了。"

可见，卡耐基的聪明之处是不和警察发生正面交锋，正视他的批评，承认他绝对没错，自己绝对错了，并爽快地、坦白地、热诚地承认这一点。因为站在了警察那边说话，警察反而为卡耐基说话，这样整个事情就在和谐的气氛中结束了。

其实，如果别人的批评是正确的话，否定自我是必须的。而正视别人的批评并从中得到经验教训，从而完善自我，这对于管理者来说是上上策。毕竟人非圣贤，孰能无过？一个人总是怕别人批评，那做事肯定会畏首畏尾的。实际上在你的人生中，从那些羡慕你、恭维你，常站在你一边的人那里只能学来一部分东西，而那些批评你、反对你、指责你，或站在路上挡着你的人，你却能从他们身上学到更多的东西。

别人给我们的指责不一定都公正，但是我们应该欢迎这样的批评、指责。公元前 3 世纪统一全印度的阿育王接受小沙弥的批评并向他赔罪，有谁笑话阿育王失了九五之尊呢？所以，管理者对待别人给自己的批评，切莫"行事强横"。不能正视，不肯低头，那样最后自己成了最大的输家。

六、良言是阳光，恶语六月寒

"良言一句三冬暖，恶语伤人六月寒。"我们在批评员工时要多用良言少用恶语，批评中别忘了表扬，否定中别少了肯定，这既是批评的艺术也是用人的艺术。有的人不重视恶语伤人的份量，尤其是在批评别人时，兴头之上，出口伤人，使原本既合情合理又非常必要的批评反倒效果全无，被批评者全盘抵触。问题就出在是用良言还是用恶语上了。

有这样一个故事，说的是原本风马牛不相及的一个尼姑和一个屠夫，他们成了好朋友。虽然彼此的志向不同，但是彼此都很支持对方的工作。尼姑每天早晨起得很早，念经。屠夫每天也起得很早，杀猪。

但是谁能没有疏忽呢?也许头天太累了，第二天就起迟了。尼姑痛恨自己起得迟，而耽误念经的时间；屠夫也不喜欢自己起晚了，因为杀猪杀少了，自己的收入也就相应少了。于是尼姑和屠夫商量，以后起得早的那位要记得喊没有起床的那位。

就这样，每天早晨他们都在履行着自己的承诺，那就是叫对方起床。眨眼间，许多年过去了，尼姑和屠夫都相继去世，结果屠夫上了天堂，而尼姑却下地狱了!

故事的这一结局，很多人都感到震惊。其实，这是因为：屠夫天天做善事——叫尼姑起来念经；而尼姑却天天叫屠夫起来杀生！生活就是如此，我们也不必奇怪，有时你觉得自己是在做善事，而在别人的眼里却未必如此；有时你明明觉得自己对了，却原来一败涂地！

管理者也应思考这样的问题，虽然我们对员工的批评是善意的，都是为了工作，是为了员工好，为了让员工进步，但是有时员工却并不一定理解，并不领情。这里就有一个批评与赞扬的结合问题了。

玫琳凯公司是美国一家大企业,它的管理者玫琳凯本人也曾被称为美国最杰出的商业领导人之一。她对员工的管理就本着"赞美"的原则。她认为不要光批评而不赞美，不管你要批评的是什么，你必须找出对方的长处来赞美，批评前和批评后都要这么做。即使是遇到不称职的员工，第一步也是要和他商谈，看看他能否有所改善，给予建议并订下合理的目标和日期。如果这种努力失败，必须考虑用什么方式对这位雇员和公司最好。当员工失败时，他自己会是最难过的人。

人都需要得到认可，这一点就像饥渴的植物需要水一样。因此我们在批评员工时也要尽可能地对员工的工作给予及时的认可。而最简单有效的认可就是表扬，表扬当然就不是恶语。作为管理者，一定要让员工知道，即使在批评他们的时候他们仍然是受到领导的赞赏和器重的。当你批评员工时用的语言像阳光、花朵、净水、雨露，那就肯定会滋润员工的心田，使他们激发出更大的热情和干劲，批评也会收到最佳效果。而绝不会像恶语那样，如同在别人的伤口上再抹把盐，使人痛上加痛，心寒彻骨。

在批评中有表扬，而这个表扬必须是诚心诚意的，真是发自内心地去表扬你的员工，这样才能让他感受到你在批评他的同时也有对他真心的称赞和肯定。另外，表扬还要及时，要具体，就事论事，切忌空泛，否则就会给人虚假的感觉，失去表扬的味道和意义。

批评中还要善于对员工寄于希望。如果对他提出带有希望性的要求与建议，不仅不会使他感到任何压力，反而会使其真正从批评中感悟到你对他的关心与爱护。

所以，我们在对员工批评时，切莫忘记表扬和赞美。给人以鼓励，给人以信心，给人以希望。这有点像中医给病人吃的丸药，因良药苦口，所以在炮制过程中要掺入蜂蜜，以便病人好接受、好服用。我们在批评员工时多用良言，不忘表扬，正好比是"蜂蜜"，使本带"苦味"的批评使人好接受，以便达到药到病除的效果。

用人的菩提

七、敢于说不，百苦百了

有这样一个故事，一个善良的旅行者四处旅行，在城市里，人们利用他的善良，以寻求帮助为名，骗走了他的衣服、鞋子等等一切的财物，只因为骗子们骗他说"你真是帮了我一个大忙"。后来，全身赤裸的旅行者因为感到羞愧，就决定到森林里旅行。接着他又遇到了森林里的妖怪。妖怪们也同样利用他的善良骗走了他的手啊、脚啊，最后只剩下一个头了，他又把眼睛送给了需要"帮助"的妖怪。

妖怪一边吃着他的眼睛，一边说"我送一样东西来感谢你对我的帮助吧"，结果善良的旅行者收到的只是一张写着"笨蛋"的纸条……故事中旅行者的善良倒不如说是愚蠢。虽然佛家讲求"无我利他"，但也并非一味的满足、娇惯。

生活中很多人被迫同意别人的每个请求，宁愿不惜时间竭尽全力做事，也不愿拒绝给予他人帮助。这大多缘于给予帮助可以取悦他人的原因吧。作为企业的管理者，造成难以拒绝下属和别人要求的原因，大多是虚荣所致，他们担心拒绝别人会降低自己在他人心中的威信和形象。其实学会委婉的拒绝同样可以赢得周围人的尊敬，大可不必碍于面子难以拒绝，然后把自己搞得疲惫、焦虑和烦躁，使种种痛苦绕缠于身。

比如常有人来找你，希望你能为他介绍一份工作，或者推荐他到某单位任职。谁都知道，现在要找一份差事很不容易，更何况你也不知道帮他介绍的工作适不适合，更不知道他的耐心、恒心、毅力究竟如何，但是基于助人之心，总想要助他一臂之力。于是千辛万苦，打听联系，穿针引线，好不容易帮他找到一份不错的工作，赶忙去通知他，不料他却对你说："不要了，我已经在别处上班了。"你这时心里肯定不舒服，感觉自己反而倒被动了："自己白费一场心也就算了，但是对那个单位的主管失去信用，说好了的事，一个应届毕业的博士人家都没要，给了我面子！可我如何交代呢？"你郁闷了吧！

因此无论任何事情，都不应一味地大包大揽或无止境地满足别人的需要。

对于管理者来说，要"无我利他"，毫无疑义的就是要关心下属，满足员工的合理要求，但绝不能对员工提出的所有要求都不拒绝，总是满口答应，就是不说一个"不"字。比如我们在授权中就绝不能下属要什么权，就给他什么权，必须坚持该拒绝的就要拒绝，不该给他的权，一分一寸都不给，这叫"寸权不放"。

只要你排除了心理上的困扰，对他人说"不"就会变得容易得多，但是还是需要一些技巧的。首先，要用尽量简练的语言表达。既然决定拒绝，就无需太多的解释和道歉。其次，给自己一些时间考虑。打破立刻答应的习惯，在空闲时仔细考虑自己的选择，就会更有信心地拒绝。再次，认识自己。要明确什么是自己真正想要的，真正应该做的。

正如觉真法师所说"佛学是内学，佛教的追求是内求"，一定要重"内"，如果是因为面子和虚荣答应别人的要求，那么就不要答应；同样，如果答应别人的要求会让你感到为难、焦虑或痛苦，那么就更应该果断地拒绝。所以，"敢于说不，百苦百了"是很有道理的。

八、拒绝也是美，美在替代

拒绝别人要有艺术，管理者不同于一般人，普通人拒绝别人，关系可能不大，而管理者"拒绝"别人只要一句话，非常简便，但是它却可能关系很大。所以，有时我们宁愿自己麻烦一点，找寻"代替"

的方式，这样，虽然也是拒绝，但是能让对方感到欢喜，让对方能够接受，能给人信心，给人希望，给人方便。

所以，当不得已要拒绝别人的时候，不要直接地"拒绝"，而要婉转地"拒绝"；不要无情地"拒绝"，而要有帮助地"拒绝"；不要傲慢地"拒绝"，而要有出路地"拒绝"。这就是拒绝的艺术。艺术就给人美的享受，那么，拒绝也是美，而这种美就在于"有代替地拒绝"，换句话说，替代就是美！

现实生活中，有很多事情实在不容易做到，但是我们在拒绝的时候要时时想到给别人一个代替，不要让对方难堪。星云法师就是这样"美哉妙哉"地巧用了"替代拒绝法"的。

对于求他给找工作的年轻人，星云法师想出了一个"代替"的办法，就是告诉他们先看报纸的寻职栏，你认为哪个职业和你的能力、兴趣吻合，就自己打电话过去，告诉用人单位你可试用两个月，两个月以后，用人单位觉得可以用，再续用。如果你能经得起试用，可能就会前途光明；如果你经不起试用，那就得重新调整自己，重新学习。此招儿一出，很多年轻人还真都求到了职位。

对于提出要求要出家的人怎么拒绝呢？据说最常见的是一些夫妻吵架，其中一方负气离家出走，或者一些小孩被师长责骂，在羞愧懊恼下不辞而别。他们常常一来佛光山，就请求出家，这种情况当然不能收留，但如果一口"拒绝"，不但无法帮助对方解决苦恼，如果这个人再一走了之，可能一家人都会因此而陷入悲伤的境地。所以星云法师采取"代替"的方式，在谈话中得知他的住址、电话，悄悄地和他的家庭联系，结果家人闻讯赶来，一番恳谈之后，夫妇和好如初，父母子女重逢相聚，欢欢喜喜地携手下山了。

当不得已要拒绝别人的时候，不要直接地"拒绝"，而要婉转地"拒绝"；不要无情地"拒绝"，而要有帮助地"拒绝"；不要傲慢地"拒绝"，而要有出路地"拒绝"。这就是拒绝的艺术。

对一些僧人来山要求长期挂单怎么办？这些外地僧人本身没有一技之长，而佛光山又不缺员工，星云法师就以关怀代替"拒绝"。先请他喝茶、用饭，等他吃饱了，再和他详谈，以鼓励的言语劝他奋发向上，并且建议他可以先到某某地方做一个短期的帮工。虽然一时无法达到他的愿望，但是因为佛光山的诚意让他心里感到很温馨，所以往往让这些僧人言谢而归，同时也结下一个美好的法缘。

对于一些慈善团体要求化缘，星云法师经常有出手不便的时候，但又不忍心让他们空手而归，这时他就赶快搬出自己的著作，请对方拿去义卖，这样一来既可以满足来者的需要，又能流通佛法，岂不比断然"拒绝"更为美好！

对于别人向自己借钱，星云法师总会准备几十元美金或几千元日币带在身边，当有人提出借钱的请求时，他便直言相告，只有将储蓄的外币以为捐助，这样一来，既满足了对方的请求，也不致彼此难堪。

对于别人让自己唱歌喝酒，星云法师就告诉大家："可以利用这种现代化的设备来唱诵法语赞偈，将佛法弘扬开来。"以此作为一种"替代"。当有人指啤酒为汽水，举杯向他表示礼敬，他不明言拒绝，以茶"代"酒向大家回敬，并且借此机会说明茶与佛教之间的关系。如此一来，餐桌气氛不致尴尬，大家也能从中得到佛法的教益。

从星云法师的"替代拒绝"中，我们是不是已悟到了"拒绝也是美"？美就美在了它有"替代"，而且每每"替代"的又是那么的"妙"，那么的"巧"，那么的"高"！

作为管理者，拒绝别人或下属的事是少不了的，关键在于要把拒绝做得美，做得妙，做得巧。这才是功夫！

九、诗僧宗仰与哈同的爱俪园

管理者在选择要不要拒绝的时候，还要"规矩在心"，区分什么事理应拒绝，什么事不可拒绝。就企业的下属员工来讲，只要他们提出的要求是对企业的大局、企业的发展有好处，哪怕这个要求从表面看是对员工个人也有好处，那就不可拒绝。这一点宗仰大师做得非常好。

被人们誉为"天下奇僧"的宗仰大师是一位颇有影响的诗人、画家、教育家、佛学家，他与孙中山先生也曾交往密切。

在他任镇江金山寺监院时，正值上海犹太富商哈同要在静安寺路筹建一座花园，其夫人罗迦陵是华人，崇信佛学，要在园中建设经堂，聘请群僧讲授佛典，于是专程前往金山进香，礼聘宗仰主持讲座，并拜宗仰为师。

宗仰没有拒绝，而是欣然应邀前往，罗迦陵对宗仰是无言不从。宗仰既精通佛理，又懂得东方园林艺术，所以爱俪园的计划和监造大部分都是宗仰一个人负责。他在园中设计了八十三景，并亲为题识，就连园名爱俪园也是宗仰从哈同和罗迦陵的中文译名中各取一字而成。

爱俪园建成后，哈同夫妇对宗仰更是言听计从，有事必与之咨商。宗仰劝哈同夫妇要把钱花在公益事业上，以便留名于后世，这对念经崇佛的罗迦陵来说可谓正中下怀，于是哈同夫妇斥资修葺名山古刹，赈灾救贫，广印经典。

宗仰还广泛邀请学界名流，如罗振玉、王国维、邹景叔、冯煦、费恕皆等著名学者都先后到过爱俪园。

爱俪园内曾办过明智大学、华严学院、广仓学会、广仓学文会、广仓学古物陈列会，仓圣万年耆老会、迦陵学社等，请专家们从事经学、史学、文学、佛学、文物、金石碑刻等方面的研究，还出版过《学术丛编》《艺术丛编》等刊物。这一切在宗仰而言，是利用哈同的经费，为中国古文化的研究和保存做一些贡献，但在客观上，这些慈善活动，也多少掩盖了哈同这个胸无点墨的冒险家的真面目。当时的民国政府多次颁给哈同嘉禾章、文虎章、宝光慈惠章，还赠以"抗怀希古"的匾额，所以罗迦陵晚年以"慈淑老人"为别号，以示慈善贤淑。

宗仰不拒绝哈同，作为一位出家人的真正用意，为的是弘扬佛法这个"大局"。而哈同在宗仰大师教导下，干了很多慈善事，还得了许多奖章，从表面看哈同也有好处。从宗仰不拒绝当时上海滩有名的冒险家哈同的这段历史中，我们又可以悟出，管理者对于别人或下属员工的要求，拒绝还是不拒绝，应当做到"规矩在心"，不该拒绝的坚决不拒绝，不管有什么议论，要顶住，特别是当某个对企业有好处的要求是来自某个名声不太好的员工。像当年宗仰大师不拒绝名声不佳的冒险家哈同一样，宗仰也要顶住来自各方面的议论吧。相反，不合理的要求，对企业大局无益的、对企业发展不利的要求，表面看来再好，说得天花乱坠，也是要坚决拒绝的！

第七章　用人菩提　用人秘笈

　　佛语"菩提"的意思是觉悟、智慧。用人的智慧就在于管理者在用人上一定要有战略眼光，要学司马懿用邓艾，玉峰大和尚对宗仰的"奇其才"，还要有善慧大士那样的精神，该走的走，该留的留。

　　在用人上多用智慧，重道轻术，你就能成为超凡的无上大智者。

一、看这么近，望那么远

　　所谓用人的菩提，就是用人的智慧。这个智慧首先体现在你看人上是否有战略眼光，即远见。三国时期的司马懿，他任用的名将邓艾在小时候常常被人瞧不起。邓艾从小是个孤儿，做过放牛娃，有口吃的毛病，说起话来结结巴巴，像他那样的人想要做官本是没有什么指望的。但是他从小喜欢武艺，爱看兵书，每见高山大河、形势险要的地方，他总要指指点点，结结巴巴对人说："这……这里驻一支兵……兵马，敌……敌人就……打不进来。"人们都笑他人小心大，做不了文官还想当武将。但是，就是这样的一个人，也被司马懿看中了，并做了尚书郎。后来，邓艾带兵消灭了蜀国，打破了"三分天下"的格局。

　　"天生我才必有用，千金散尽还复来"。每一个人，聪明也好，迟钝也好，机灵也好，木讷也好，总会有他的闪光点。管理者不仅要善于发现企业中每一个人的闪光点，更重要的是以小看大，用发展的眼光去看他们的闪光点，说不定哪个人的一个闪光点将来就给企业带来大发展、大机遇，甚至是扭转企业"乾坤"呢！

汉高祖刘邦死前看到吕后专权，料想自己身后吕氏家族要篡权，他就以战略眼光说到了周勃："安刘氏者，必勃也。"意思是说，将来吕氏篡权，保住我刘氏家族皇权一统的就是周勃。果然，周勃后来起到了重大作用。作为一个企业的用人也是一样，要有点战略眼光。

一家民营企业的董事长可谓是身经百战，气魄宏大。无奈在多年的征战中，独独对管理团队的培养少花了点心思。一帮早年随他一起打天下的老臣们在现代管理面前早已力不从心，却还在勉力维持；较为信得过的一位常务副总在重大决策方面始终难以令他放心；也招过几个职业经理人，却始终难以融入企业文化，又一个个远走高飞。

于是我们的这位董事长每天日里万机，经常住在办公室。即便如此，也时常感叹他的理念和抱负无人能懂，更无人能帮助推行。我们真是担心，这样的企业，一旦董事长退下来，真不知道会变成什么样子。这里暴露的问题很明显，这位董事长在用人方面缺乏战略眼光，没有用心发现和培养"接班人"。

被人们誉为"天下奇僧"的宗仰大师，16岁那年，因不愿父兄逼他学掌店事，愤而出走三峰清凉寺，削发为僧。清凉寺主持玉峰大和尚一看宗仰，立即"奇其才"。一个才来寺庙的16岁孩子，玉峰大和尚是怎么发现他的才华的？其实是通过谈话，玉峰大和尚已看出了这个孩子将来为弘扬佛法、为中国佛教事业的发展会大有作为。宗仰后来成为佛教界的一流人物，诗、书、琴、画无不精通。清光绪皇帝的老师翁同龢回常熟老家探亲，在寺内看到宗仰的诗文，极口称赞"辞茂义幽，莫测其际"。并说，宗仰是入庙为僧了，如果去考科举，走入仕当官之途，也必定大有前途。

俗话说："三岁看大，七岁看老。"宗仰后来成为佛教界的一流人物，证明玉峰大和尚是有战略眼光的。其实，听说像舞蹈学院或一些艺术团体招收小学员时，负责招生的老师就得有"战略眼光"，面试看到的一个六七岁孩子，你就要看出他长到十八九岁时腿有多长，身有多高，是不是个跳舞的苗子，值不值得培养。

管理者在用人上一定要有点战略眼光，要学学司马懿用邓艾，汉高祖刘邦用周勃，玉峰大和尚对宗仰的"奇其才"。有战略眼光你就是超凡的菩提大智者而非一般凡夫俗子！

· 二、荣枯由它，走留由他 ·

员工的去留问题常常是我们在用人上颇为头痛的事，管理者如若从禅宗里悟到一些门道：该走该留请自便，该走的留不住，该留的赶不走，一切随缘，随他人来人往，岂不轻松自在？这也是用人的菩提智。禅宗公案里就说了这样一个故事。

双林善慧大士，16岁就已经娶了老婆，还生了两个孩子，24岁的时候，他跟乡里人一块儿捕鱼，捕到之后就把鱼笼子放到水里，祷告说："该走的走，该留的留。"人们都说这小子太傻了。

有个从天竺来的僧人叫嵩头陀，对他说："你该出家了。你不出家，我怎么把衣钵传给你？"

善慧大士笑着说："铁匠铺子无非钝铁，医生门前无非病人。你急什么呢？你不知道我现在就自得其乐吗？"

嵩头陀指着松山顶上说："那地方可以住下来。"

善慧大士就在松山顶上住下来，每天耕田种地。有人偷他的瓜果粮食，他就用篮子背篓给人盛去。他就这样白天干活，晚上修道。

看到了吧，走留自便，一切随缘，这就是善慧大士的智慧。

在用人上，禅学精神要求管理者要有足够的耐心，不能"牛不喝水强按头"，凡事不能操之过急，要顺水行舟，功到自然成。

一些企业的管理者常常把防止企业人才流失放在管理工作的重要位置，但是他们没有认识到，对于留住人才的工作停留在"防止"上，是远远不够的。事实证明，强留下来的人才，其结果是人留下了，但留不住他的心，或是留得不长久，留得一时留不住一世。

现实中，有些人才，在短短几年中频繁在十几个行业流动。我们先不对这样的流动的得与失作出评价，但是，这说明了一个问题，好比一个人一晚上无法用同一个姿势在同一个位置睡觉一样，一般是这样躺着不舒服的时候，就会换一种睡姿，如果一直不舒服就会一直换下去。尽管频繁流动对人才有很大的消耗，但是，对于管理者用人是一个不可忽视的事实，人才在你的企业里不适应，说明管理者没有给人才营造一个好环境。

留住人才，工作的重点不在人才身上，而在我们管理者自身。如果一个企业的体制和管理机制科学合理，有很好的企业文化作为精神支撑，员工福利也能达到员工的理想，至少体现了人才的价值没有偏离过大，如果企业做到这一步，还有人要流动出去的话，那么，就要用善慧大士那样的精神，该走的走，该留的留。谁想走，请便！

流水不腐，户枢不蠹。在河北沧州、邯郸，乃至省会石家庄，"天然居"是一个十分响亮的名字。该餐饮公司就是这样做的。公司董事长说，因为有的服务人员甚至中层管理者三三两两地先后离开天然居，社会上便有了一些猜测：服务员为什么离开天然居？天然居是不是支撑不住了？其实，人才流动是正常的，而不流动，固守在一个地方多年不动，未必是一件好事。

几年中，从天然居走出的人才多达两千人左右。这些人有的到别的饭店当了领班或经理，有的走向其他岗位，多数人干得都很出色。这些人走向社会，并不是天然居人才的流失，实际上，这正是天然居对社会的一种贡献，一种人才的贡献。

这位董事长还说，对任何人而言，天然居的大门永远是敞开的。走，我们不忌恨；来，我们双手欢迎。也许，这正是天然居用人机制的魅力所在。就在一些人离开天然居的同时，还有一些曾离开天然居的人，又纷纷回到这个曾经给他们以丰富的知识和技能的团队中。"凤还巢"，成了一道独特景观。看看，这个天然居多有吸引力！

企业的成败，很大程度上取决于人才的运用，管理者要吸引人才，成为一棵招引凤凰的梧桐树，而不能做一个捕鱼的网。管理者从自身出发，首先要创造出一流的环境，增加企业的号召力和吸引力，这就是所谓"桃李不言，下自成蹊"的道理。因为桃李的芳香和艳丽自然吸引众多的人气，人气旺盛企业就兴旺发达。如果管理者对待人才如同对待网里的鱼，即便是人才，也得不到充分的发挥，结果是企业和人才都受损失，甚至会出现"鱼死网破"的情景。这样的话，企业还何谈发展呢？

企业的成败，很大程度上取决于人才的运用，管理者要吸引人才，成为一棵招引凤凰的梧桐树，而不能做一个捕鱼的网。

管理者要想拥有好的人才，也不能眼睛老向外看。从外面吸引人才固然重要，但是也不要忽略了自己培养的人才，形成"外来的和尚好念经"的风气。管理者要效法达摩祖师的"面壁十年图破壁"的精神，向内使劲，这样不但能使普通员工有了前途和期望，鼓舞他们的工作热情，还可以为自己的企业人才贮备好第二梯队。避免出现人才一走，企业就摇摇欲坠的被动局面。

　　总之，该走的不留，该留的不走，有走有留，有进有出，出出进进，这是管理者用人的理想状态。这样，企业就是一潭又清又净又流动自如的活水。该走的走了，该留的留了，一切都是随缘。所以，作为管理者，我们也不要总为下属这个走，那个留而有烦恼。

　　过去药山禅师曾经指着庭院的两颗树，问他的徒众："荣的好，还是枯的好？"结果有了三种答案：

　　道吾说："荣的好。"

　　云岩说："枯的好。"

　　最后，高沙弥说："荣的由它荣，枯的由它枯。"

　　铁打的营盘，流水的兵。因为，"荣枯由它"，所以，"走留由他"。只要你在用人上能够一切随缘，你就会轻松自如、行云流水一般的自在了！

　　该走的不留，该留的不走，有走有留，有进有出，出出进进，这是管理者用人的理想状态。这样，企业就是一潭又清又净又流动自如的活水。

三、花开半时偏妍，人用半时稳便

用人的菩提智还体现在对人要有"两半"的观点，要善于掌握和运用"用人之半"的功夫。《付嘱品》是禅宗《坛经》的最后一品。禅宗内，祖师临终，对弟子们都有一定的交待，这就叫付嘱。六祖慧能在付嘱里讲了"三十六对"。有对无，凡对圣，动对静，老对少，直对曲，实对虚，进对退，乱对定，生对灭等等。这样"对"下去，千对万对都可以。慧能大谈"三十六对"，是告诉弟子从这些对子入手，你才方便给众生说法讲经，也才能度人。

我们观察这个世界，其实真是由"一半一半"构成的。一半白天，一半黑夜；一半海水，一半陆地；一半男人，一半女人；一半好人，一半坏人；一半富有，一半贫穷；一半善人，一半恶人；一半是正，一半是邪；一半红花，一半绿叶；一半美，一半丑；一半是左，一半是右；一半是长，一半是短；一半对，一半错；一半是天，一半是地……虽然一半一半在不同时间、不同地点互有消长，但一半要想完全代替另一半却是不可能的。

每个人也包含着太多的"一半"了：一半这，一半那；一半优点，一半缺点；一半长处，一半短处……谁也不能说自己只有这一半，而没有那一半，比如，说自己只有长处，没有短处。

通常当我们看有才能"闪光"的人时，容易忽视、看不到他那"不闪光"的一半；当我们看平庸"不闪光"的人时，又容易忽视、看不到他那"闪光"的一半。世界上的事物往往如此。这就是我们用人时要力戒的"全盘肯定，全盘否定。"

因此，管理者在用人方面，眼里应该永远看到的是"两半"的人，而不是"一半"的人。再有能力的人也有另一半的无能，再强势的人也有另一半的弱势。而我们讲用人的菩提大智慧，就是看重了用人之能、之长的这一半。

拿唐太宗李世民来说，他也并不是完人，他知道自己也是"两半"人，因此，他敢于正视自己不足的那一半。他指出："以铜为鉴，可正衣冠；以古为鉴，可知兴替；以人为鉴，可明得失。"他善于培养上谏的气氛，把大臣之间的互动交流提升到国家兴旺、社稷安危的高度来认识，从谏如流，用群臣长处的那一半，来补自己不足的那一半。

有"全球第一 CEO"之称的通用电气第八任总裁杰克·韦尔奇，他也是很会用别人长处的一半来弥补自己的。他认为：一个成功的 CEO，他本人不一定是天才，因为天才也会有疏忽的时候，因此，成功的 CEO，最重要的一点是一定要懂得群策群力、集思广益，善于用好别人的那"一半"。他说："我最大的成就就是发现人才，发现一大批人才！他们比大多数的 CEO 都要优秀。"通用之所以成功，杰克·韦尔奇认为与通用的用人之道和纳谏制度大有关联。

现实生活中，有些人体魄向来强健，然而却一病不可收拾；有些人体弱多病，命如悬丝，却长寿多福。有些人虽然身体某一部分残障，另一部分器官功能却特别发达；有些人虽然方耳大眼，四肢俱全，却视而不见，听而不闻，行止无度，威仪不周。这个世界上，尽管有"一半"健全的人，"一半"不健全的人，但也都有他们独特的优点与短处，世间的事也是如此，无法尽善尽美，所以我们不必求全。

每人都有一半长处、一半短处。我们要看破这一点，不理短处一半，而用每人的那一半长处，管理者要修炼的就是这个"用人之半"的功夫！

清朝李密庵曾写过一首《半半歌》，最能表现"一半一半"的悠然境界，我们在用人时不妨回味一下诗中滋味：

看破浮生过半，半之受用无边，半中岁月尽幽闲，半里乾坤宽展。
半郭半乡村舍，半山半水田园，半耕半读半经廛，半士半民姻眷。
半雅半粗器具，半华半实庭轩，衾裳半素半轻鲜，肴馔半丰半俭。
童仆半能半拙，妻子半朴半贤，心情半佛半神仙，姓字半藏半显。
一半还之天地，让将一半人间，半思后代与桑田，半想阎罗怎见？
饮酒半酣正好，花开半吐偏妍，帆张半扇免翻颠，马放半缰稳便。
半少却饶滋味，半多反厌纠缠，自来苦乐半相参，会占便宜只半。

四、善用精神牵引法

　　精神牵引法在用人、管人方面大有佛家"方便法门"的意境，所以，管理者不可不学这一"法门"。它还是用人菩提智的再现。其实，精神就像引力，不管我们的思想是对还是错都会受到它的牵引；而思想则像轮子，受到精神的牵引就会一个劲儿地向着一个方向前进。知道了世间的这一规律，管理者在用人上就要尽量用精神去影响员工，用精神的力量去牵引员工的思想轮子，使这个轮子总向着有利于企业发展这一方向一个劲儿地前进。这就是精神牵引法。精神牵引法在于管理者要善于抓住一切能够影响员工思想的时机，通过自己的一言一行，一举一动巧妙地、顺势而为地实现。

　　曾有一个故事讲一位老妇人请了粉刷匠到家里粉刷墙壁，粉刷匠一进门就看到了双目失明的男主人，顿时流露出了一种怜悯的目光。然而，男主人却是一个非常乐观的人，因此，在粉刷匠工作的那几天里，他们都谈得十分投机，粉刷匠也没有提起过男主人的身体缺陷。

　　工程完工后，粉刷匠拿出了账单，老妇人看后惊奇地发现，上面写着的价钱比先前谈好的价钱低了很多。于是，她疑惑不解地问道：

"我们先前谈好的不是这个价钱啊，你是不是弄错了，还是……"

"是的，由于这些天我和你的先生聊得很开心，我从他身残志坚的精神上学到了很多宝贵的东西，他还让我看到了自己的境况并非最糟……所以那部分减少的钱是用于感谢他的!"听完他的话，老妇人感动得热泪盈眶，其实这位粉刷匠只有一只手。

这个故事说明，精神的力量常常大于我们的想象。

二战结束后，日本成为战败国，松下公司面临极大困境，为了渡过难关，松下幸之助要求全体员工振作精神，不迟到，不请假。

然而不久，松下本人却迟到了十分钟，原因是他的汽车司机疏忽大意，晚接了他十分钟。他认为必须严厉处理此事。

首先以不忠于职守的理由，给司机以减薪的处分。其直接主管、间接主管，也因监督不力受到处分，为此共处理了八个人。

松下认为对此事负最后责任的，还是作为最高领导的社长——他自己，于是对自己实行了最重的处罚，退还了全月的薪金。

仅仅十分钟迟到，就处理了这么多人，连自己也不饶过，此事深刻地教育了松下公司的员工，在日本企业界也引起了很大震动。

松下抓住自己迟到十分钟这件事，用"不管谁违反公司的规章制度都一样处罚"的上下平等精神去牵引、影响了员工的思想。

再看三洋电机公司，在"蔷薇园工厂"建成以后，决定在新职工进厂的第一天举行一次隆重的迎新仪式。内容包括两大部分，一是新职工进厂欢迎大会，二是种植3000株蔷薇花苗。

这天清早，公司老板井植薰一早就赶到了工厂，检查了这两项活动的全部准备工作。然后，他让筹建工程的主要负责人员陪他一起查看新落成的单身宿舍。宿舍的建筑、室内装修和各种生活设施基本上都符合设计的要求。但当他进入职工浴室拧开水龙头时，却发现水管流出的水十分浑浊。他马上问负责宿舍施工的一个工程师是怎么回事。

工程师回答他说："新装的水管，通水检验后又很少使用，是会生锈的。"

井植熏立刻火冒三丈："难道你就让新来的姑娘们用这生锈的浑水洗澡吗？"

这位工程师又说："这没什么关系，马上打开水龙头把锈水全部放掉就是了。"他认为这件事不值得大惊小怪，水管中不经常通水，管壁就会生锈，生了锈只要多放掉点水就没问题了。

井植熏拉大嗓门对工程师说："既然你知道，为什么不早一点放水？如果我不来检查，你会不会在姑娘们来到以前把这个问题解决好？你想到过这个问题没有？"

井植熏这么一喊叫，那位工程师就不敢再吭声了。他马上布置人去打开浴室里所有的水龙头，放掉浊水，自己则跑到锅炉房检查工作情况。

这时，井植熏又说："锅炉里的热水可能也有铁锈，你马上让锅炉工把水全部放掉，等水清了以后再重新烧！"

等他们把水放完后，井植熏对他们说："今天是新职工入厂日，来的都是年轻的孩子，而且大部分是姑娘，她们刚刚离开家庭，来到我们工厂，心情一定非常复杂。我们做事就要站在她们的角度去考虑。如果进厂的第一天就遇上发浑生锈的洗澡水，那么，她们的内心就会留下一片难以抹去的阴影。所以，我不允许这种事情发生，更不允许你们对这件事采取无所谓的态度。"

后来有人说井植熏对新来的姑娘过于偏爱，对埋头苦干的工程师过于严厉。对此，他的回答是："如果大家都这样认为，那么一方面说明我的做法非常正确，另一方面又说明，大家的认识还有待于进一步提高。人家选择了三洋电机作为今后的依托，我们要用'心'来欢迎他们。"

在这里井植熏是紧紧抓住水管里的生锈浑水这件事，在对员工们施以精神影响。"对埋头苦干的工程师过于严厉"是在传导一种对工作一丝不苟、高度负责任的精神；"对新来的姑娘过于偏爱"是在传导一种关爱员工、以人为本的精神，真可谓是用人、管人上的绝妙之笔！

五、病需要养，错需要惜

在用人上能够爱惜犯了错误的人才，并且掌控好对其惩与惜的"度"，这更是管理者开启菩提智的大智慧。我们都知道人得了病，医治是一方面，养也是很重要的。俗话说，病要三分治，更靠七分养。同理，管理者对于有才能的下属犯了错，也要有更多的惜。惜就是惜才。治病与养病，惩处与爱惜都有一个如何把握的问题。

培养一个人才不易，轻易放弃，无异于自毁长城。但是，面对有过失的人才，作为管理者又该怎么把握这个"度"呢？

我们先看看海王集团的掌门人张思民是怎么把握的。有一次，海王集团的一位经理在主持项目时，因一时发昏，收了对方的回扣，谁知给人发现了，公司上下一片哗然，张思民勃然大怒，在公司高层会议上狠狠地骂了他一顿。

可是，这位经理对公司做出过很大的贡献，并且工作能力颇佳，在这次丑闻的背后还有他家庭飞来横祸、经济拮据的原因。张思民回顾了集团几年的风风雨雨，又记起这位经理的功绩，既痛恨又惋惜，不禁百感交集。

在沉默许久之后，张思民猛地站起，宣布道："你去我们另一个公司当经理吧，记住，同样的错误不要再犯!"

满座皆惊。那位经理更是张大了嘴，愣在那里，几乎不敢相信自己的耳朵。

事后有人责怪张思民"心太软"，养虎为患。张思民却一笑置之。他有把握这么做，一则那位经理是位不可多得的人才，能力出众；二则过去这么多年艰辛岁月中，此人忠心耿耿，立下汗马功劳，从未出现过此类事情；三则那位经理贪财的背后还有一些客观原因。所以，张思民相信他不会再犯同样的错误。事实证明，此人到新单位后果真兢兢业业，廉洁奉公，赢得了上下一致好评。

如若是平庸之人犯了这种错误，按理应该革职处理，但对于一个人才，总裁张思民却是将其调离原岗位再委以重任，这就是管理者面对有才能的人犯了错而既惩处又爱惜的做法。调离就是惩处，再委以重任就是爱惜。

人是有感情的动物，所以千古以来，诸葛亮为汉室鞠躬尽瘁，韩信报答老妇一饭之恩，蔺相如、廉颇刎颈之交，梁鸿、孟光相敬如宾的故事，流传至今，人们仍然津津乐道。所以，惜才就要爱才，对员工有情有义，员工必受感动、必以忠诚相回报。

　　日本东芝公司创始人土光敏夫有一次去工厂看望员工。途中，正巧遇上倾盆大雨，他赶到工厂，下了车，不用雨伞，向站在雨中的职工们讲话，激励大家，并且反复地讲述"人最宝贵"的道理，职工们很是感动，他们围在土光敏夫身边，认真倾听他的每一句话。

　　炽热滚烫的语言把大家的心连在了一起，大家忘记了是站在大雨之中。其情其景，感人肺腑。

　　讲完话后，土光敏夫的身上早已湿透了。当他乘车离去时，激动的职工们一下子把他的车围住了，他们一边敲着汽车的玻璃门，一边高声喊道："社长，当心别感冒! 保重好身体，才能更好地工作。你放心吧，我们一定会拼命地工作!"

　　面对这一切，土光敏夫情不自禁地泪流满面，他被这些员工的真诚所打动，从此，他更加热爱自己的员工。

　　可见，有了管理者的爱，就有了员工的忠诚。当一个有才能的人犯了错，我们如能以爱才之心，做惜才之举，那谁能不受感动呢？他一定会加倍努力工作，以忠诚和业绩来回报管理者。而这一点，难道不是管理者所希望看到的吗？

　　有了管理者的爱，就有了员工的忠诚。当一个有才能的人犯了错，我们如能以爱才之心，做惜才之举，那谁能不受感动呢？

六、波虽不是水，但也离不开水

"不即不离"是出自佛学的一个成语，其意用一个通俗的比喻就是波虽不是水，但也离不开水。由此对我们在用人、管人上又有一个开智启示：那就是又讲原则又讲人情。因为，企业的规章制度都是人定的，人又是有情的，所以，规章制度这些原则虽然是"无情"的，但它又离不开情，正像波虽不是水，但也离不开水一样。

这一点，就是提示管理者在用人、管人时，不要将原则与人情相对立，要常想着波离不开水的情形，要既讲原则又讲人情。大家都不陌生的梅考克就是这样做的，而且做得令人感到不俗，令他的员工感动得流下了热泪。

事情是这样的，一次，一位跟梅考克干了十年的老员工违反了工作制度，酗酒闹事，迟到早退，还因此跟工头大吵了一场。在公司所定的规章制度中，这是最不能容忍的事情，不管是谁违反了这一条，都会被开除。当下属把这位老员工闹事的材料报上来后，梅考克迟疑了一下，但仍提笔批写了"立即开除"四个字。

梅考克毕竟与这位老员工有过患难之交，他本想下班后到这位老员工家去了解一下情况。

不料这位老员工接到公司的决定后，立刻火冒三丈。他找到梅考克，气呼呼地说："当年公司债务累累时，我与你患难与共。三个月不拿工资也毫无怨言，而今犯这点错误就把我开除，真是一点情份也不讲!"

听完老员工的诉说，梅考克平静地说："你是老员工了，公司制度你不是不知道，应该带头遵守……再说，这不是你我两个人的私事，我只能按规矩办事，不能有一点例外。"

梅考克又仔细地询问了老员工闹事的原因。原来，这位老员工的妻子最近去世了，留下两个孩子，一个孩子跌断了一条腿，住进了医院；还有一个孩子因吃不到妈妈的奶水而饿得直哭，老员工是在极度的痛苦中借酒消愁，结果误了上班。

了解到事情的真相，梅考克为之震惊："你怎么这么糊涂呢？我们不了解你的情况，对你关心不够啊!"梅考克接着安慰老员工说："现在你什么都不用想，快点回家去，料理你夫人的后事和照顾好孩子。你不是把我当成你的朋友吗？所以你放心，我不会让你走上绝路的。"说着，从包里掏出一沓钞票塞到老员工手里。

老员工被老板的慷慨解囊感动得流下了热泪，他哽咽着说："我想不到你会这样好。"

梅考克嘱咐老员工："回去安心照顾家吧，不必担心自己的工作。"

听了梅考克的话，老员工转悲为喜说："你是想撤消开除我的命令吗？"

"你希望我这样做吗？"梅考克亲切地问。

"不！我不希望你为我破坏公司的规矩。"

"对，这才是我的好朋友，你放心地回去吧，我会适当安排的。"

事后，梅考克把这位老员工安排到自己的一个牧场去当管家，对此，这位老员工十分满意。

梅考克的做法告诉我们，原则与人情，表面看似对立，但在一个有大智慧的管理者面前，就不是对立的，完全可以做到又讲原则又讲人情，让原则不离人情，就像波不离水那样。

七、"零宽容"与"零缺陷"

前面我们把在用人上能够爱惜犯了错误的人才和不要将原则与人情相对立，要既讲原则又讲人情都作为用人的菩提智，但这绝不等于放任员工的错误，对其视而不见，不闻不问。用人菩提的大智慧又恰恰体现的是企业要严格惩戒。因为只有对任何人都不姑息纵容，才是搞好一个企业的前提条件和纪律保证。

大家可能听说过寺院的"肃众"，这是佛门对违规的僧人的一种惩罚制度。寺院惩罚违反清规的人时会依据所犯过失轻重区别对待，轻则被罚跪香、杖责等，重则被逐出寺院，永世不得再入佛门。

原则与人情，表面看似对立，但在一个有大智慧的管理者面前，就不是对立的，完全可以做到又讲原则又讲人情，让原则不离人情，就像波不离水那样。

肃众时，客堂先鸣序板三阵，召集全寺僧众，请来住持，由知客宣布僧人所犯过失，听候住持发落，并以"白四羯磨"（先当众宣告一遍，再作三番宣告并征求众人三遍意见）的形式，征求全寺僧众对处罚的意见。对错打钟板犍椎、错挂衣单钵盂、毁损法器物件的僧人，多采取轻罚。被处以跪香者，须按规定地点跪在点燃的香前，直到一支香或几支香燃尽后方许起身。跪香时，要求腰板挺直，双手合掌，不可东张西望，否则将被监视的僧人杖责。

　　重罚，主要是处分那些犯有偷盗、斗殴、酗酒及破杀戒、色戒的僧人，寺院将其"留寺察看"或赶出山门，被称为"摈罚"。根据僧人所犯过失的大小，摈罚分为三种类型。第一，默摈。即被处分的僧人，限其人身自由，令做苦重之活，从此不得与任何人说话，实际上等于将其摒于寺院生活之外。第二，摈出，又叫"迁单"。即强迫犯有过失的僧人离开寺院，待其真诚忏悔、取得僧众谅解后再回本堂。第三，灭摈，又叫"击鼓迁单"。这是对犯大过失僧人的处罚，即从寺院中灭除此僧之名。一般做法为烧毁其衣钵戒牒，贴摈条于山门，鸣大鼓三通，以杖将其从寺院偏门轰逐出去，以维护佛门的尊严与圣洁。

　　从肃众这一做法来看，说明慈悲为怀的佛门，其实惩戒制度也是很严格的，并不亚于凡俗世间。那么它对我们企业管理者又有什么启示呢？启示与借鉴之处就是管理者在用人、管人方面要严格惩戒，绝不含糊！

　　虽然我们在很多方面都强调宽容、慈爱，但这绝不等于放任、姑息错误。那样，企业的用人是搞不好的。只有做到对严重违规违纪者实行"零宽容"，不徇私、不护短，发现一起，处理一起，你才能掌舵驶得万年船。

我国古代有诸子百家，其中的法家就是主张"严刑峻法"。在著名的商鞅变法之前，秦国纲纪废弛，国力空虚，很难与其他诸候国竞争，而变法之后，赏罚严明的治理策略使秦国很快就国力壮大，最终统一了中国。

山东有一家商场，处罚了一个营业员，这个消息在《齐鲁晚报》上登出来了，有人致信商场替被罚的营业员打抱不平，但公司仍然坚持了处罚决定，没有更改，严格执行了商场的惩戒规定。

事情是这样的，商场曾贴了一份告示："顾客花钱消费，谁也不愿意受气。尊敬的顾客，哪位营业员顶撞了您，请您到商场值班主任处投诉，本商场不仅向您赔礼道歉，还将向您赔偿 500 元。"

一开始，营业员谁也没把这份告示放在心上，认为这也许仅仅是吸引顾客的夸大之词。直到有一天，一位精明的女士来购买洗衣机，一连拆包到第五台，才觉中意，接下来又验看功能。

接待她的服务员脾气急躁，早已心中有气，虽碍于制度没有说什么，但脸上已是冷若冰霜，待到顾客反复扭按键时，她终于发火了，以"保护商品不受损害"为名与顾客争执起来。顾客告到值班主任那里，营业员也紧接着跟过来为自己申辩。

商场经理闻知此事，毫不犹豫地让财务部付给顾客 500 元钱并一再道歉。按规定这 500 元中的一半由经理、柜台组长、值班主任出，另一半罚了营业员。这就是严格了惩戒，既维护了规章制度的严肃性，又教育了全体员工。从此，员工们再也没有发生过类似的服务缺陷。

这说明，就严格惩戒来说，只有"零宽容"才会有"零缺陷"。

古人云："赏罚明，则将威行。"这真是一条简单而又不容易掌握的用人、管人的大原则呀！

八、和尚和香火旺，和尚散香火断

管理者在用人上的菩提智还离不开对员工进行团队精神的培养，因为团队精神、团队建设直接关系到企业的成败与兴衰。我们不妨先来看一个故事。

有一天，三个和尚在一个寺庙里相遇。

"这寺庙为什么荒废了？"不知是谁提出问题。

"必定是和尚不诚，所以菩萨不灵。"甲和尚说。

"必定是和尚不勤，所以庙堂不修。"乙和尚说。

"必定是和尚不敬，所以香客不多。"丙和尚说。

三个和尚争执不下，最后决定留下来各尽所能，看看谁最成功。于是甲和尚虔心礼佛，乙和尚重修庙堂，丙和尚化缘讲经。不久后，香火鼎盛，香客不绝，寺庙又恢复了昔日的昌盛。

"都因我虔心礼佛，所以菩萨显灵。"甲和尚说。

"都因我重修庙堂，所以庙宇堂皇。"乙和尚说。

"都因我化缘讲经，所以香客众多。"丙和尚说。

从此，三个和尚日夜争执不休，寺庙的盛况又逐渐消失了。

其实，寺庙香火旺盛正是由于三个和尚的齐心合力，而寺庙的香火渐断，也是三个和尚不再彼此合作，各自为政，想以局部凌驾于整体之上的错误做法造成的。三个和尚不知道，在职责清楚、分工明确的基础上，相互之间进行协作是他们这个和尚团队每个成员的应尽之责，结果，三个和尚毁了一座庙。

可见，团队的特征更多地表现在相互协作上。没有成员之间的相互协作，就不能算是一个团队，而且团队的绩效是通过成员之间的相互协作来实现的。

因此，管理者在用人上一定不能忽视对员工团队精神的培养，不能忽视员工团队的建设，要视团队如企业的生命，如管理者自己事业的生命。

大家都知道我国传统中医理论主张，治病一定要对症，你缺什么我补什么。你肾亏我给补阳，你肝火盛我给补阴。那么，我们强调培养员工的团队精神，建设好员工团队，就说明目前企业界缺的正是这些。

必须清醒地看到，在我国现实的企业中，许多人把分工与协作割裂开来，只关注分工，而不重视协作。"事不关己，高高挂起"的话我们经常能听到，可以说这是一种消极的工作态度。一些人以"分工"为名，把自己的工作范围界定得很清楚，专注于自己"分内"的事，而对于那些"分外"的事，则不管不问；一旦他们被吩咐做看似"分外"实则"分内"的工作时，不情愿的心态便溢于言表，冠冕堂皇地以不属于自己工作范围为由加以搪塞或者拒绝。

作为一个团队，要有分工，更要注重协作。在团队中过分强调分工，不愿意多做一点"分外"工作的员工，就是把自己与团队割裂开来，面对这种现实状况，管理者不对员工进行团队精神培养行吗？

有个小故事讲，有位农夫买了一个捕鼠器，老鼠看到后，连忙跑去告诉鸡，鸡说捕鼠器是捕鼠的，与它没关系；老鼠又去告诉猪，猪同样不以为然；老鼠最后告诉牛，牛更是觉得与它毫不相干。

一天夜里，捕鼠器响了，农夫的老婆去看，结果被蛇咬了一口，原来捕鼠器夹住了一条毒蛇。虽经及时抢救没有死，但是农夫的老婆从此不断生病。听邻居说鸡很补身体，农夫就将自家的鸡杀掉，给老婆补身体。他老婆的身体也没见好转，赶紧请大夫看病、抓药，没钱只好把猪杀了，卖了肉。没过多久，农夫的老婆因医治无效去世，农夫只好把牛杀掉，卖了肉，埋葬了自己的女人。

故事中的鸡和猪还有牛都只顾"自扫门前雪"，而不管"他人瓦上霜"，其团队协作意识近乎于零，这种观念是团队精神的劲敌。管理者对此更要高度重视。因为你的员工一旦有了这种观念，他们就会认为自己和企业只是一种交易关系，一份报酬一份付出，从不愿意在报酬之外多付出一点。这种斤斤计较的人一开始可能只是为了争取个人的小利益，但久而久之，当它变成一种习惯时，这些员工就会为利益而利益，为计较而计较，就会变得心胸狭隘、自私自利，从而把企业团队协作意识丢到一边，最终把自己与企业割裂开来。

深圳佳佳管理顾问有限公司董事长陈旋光就曾经遇到这样的问题。他的公司里有一个员工，工作能力很强，但目中无人，不能和同事很融洽地相处。这个员工曾经找到陈旋光谈心，他说：

"陈总，我想问你一个问题。那就是如果我离开了，真的离开了你，离开了公司，你难道一点都不心痛吗？"

陈旋光认为，这是很有挑衅性的话，这个员工希望知道自己到底怎么看他。于是陈旋光回答说：

"是的，我会非常难受，因为我将失去你这样一个非常有能力的人，一个能为我创造利润的人。但是如果你伤害到我的团队，我一定会让你离开。"

看到了吧？管理者就要这样去珍惜、爱护自己的团队。因为还是那句话：团队是企业的生命，是管理者事业的生命！

用人的菩提

团队是企业的生命，是管理者事业的生命！

第八章 用人之基 始于做人

　　作为管理者,自己的做人就是你用人的基础。你要能把企业的员工用好,首先自己要把人做好。要以仁为本,以义为先,在做人上要令员工们佩服,给员工们起示范作用。以君子坦荡之心,威震小人戚戚之心。总之,管理者切勿忘记一条最简单的道理:要想把人用好,先要把人做好!

一、四鸟谋鹿，尽职尽忠

只有管理者对企业做了尽职尽忠的人，在用人管人时，你才能要求员工做到如此水准，反之，一个管理者自己对企业都是一种"吃凉不管酸"的态度，那还能有尽职敬业的员工吗？

《佛说拘萨罗国乌王经》第四十七载，在沙竭之国，有许多鸟来到这里集会。鸟王叫安住，统领着众鸟。一天，鸟后因怀孕不想进食，便向鸟王说道："我身内正怀着我们的骨肉，可我什么也不想吃，身体日渐瘦弱。我想，只有吃了鹿王的肉，我才能够活下去，否则我会死去的。"

鸟王闻言，大吃一惊，马上召集众鸟，说道："沙竭国王有只大鹿王，鹿王的名字叫须具，我想得到鹿王的肉给王后吃。你们谁能担当此重任呢？"

有四只鸟走向前对鸟王说："我等领命，不惜性命也要办成此事!"于是，四鸟立即飞往沙竭国。

沙竭国王子看见那四只鸟，很害怕，他跑回去禀告国王："我看见四只鸟，气势汹汹，杀气腾腾，直奔鹿苑去了。请父王赶快派人捕捉它们，以防它们伤害鹿王，做恶事。"

国王便命鸟师造罗张网捕鸟，很快就擒获了四鸟，带着四鸟回到了国王的宫殿。国王见了那四只鸟，责问道："你们为什么侵犯我国境界，还妄图谋害鹿王？"

四鸟答道："这都是鸟王的命令，其实也并非我们愿意做的。因为鸟后受孕怀胎，想得到须具鹿王的肉，补养虚弱的身体，鸟王便派遣我们前来。我们受王之命，必须来冒着生命危险，以报王恩。"

国王听了，感到很惊奇，心想：这些鸟领受鸟王之命，做如此危险之事，宁肯舍身弃命，若无真诚之心，怎能如此？想那世间之人，受君王、父母教导，尚不能如此忠诚，何况鸟兽呢？国王感其诚，立即宣告将四鸟赦罪释放。

用人的菩提

可见，四鸟以性命去执行自身的使命，忠义之举不亚于人类。那么，作为管理者，在其位，谋其政，兢兢业业、诚诚恳恳地做人，也正是通过你自己的一言一行表现出来，然后再传导给员工，使企业自上而下所有员工都有这么一种做人的态度，企业才能形成一个良好的工作环境。拿佛门的很多高僧大德来说，无论是寺院的众僧还是世间凡人大众都对他们敬仰倍至，其原因就是他们做人的态度和境界非同一般。像前面我们讲到的圆瑛大法师在宁波创建道场时，那种兢兢业业、诚诚恳恳做人的态度曾多次使寺里僧众感动得流下了热泪。

拿在其位谋其政来说，身为一座寺院的方丈，众多僧人的衣、食、住、医药等都是圆瑛亲自操理，还要应酬人情世事，讲经说法，教化信徒。据说寺院遇到经济困难时，他愁得连饭都吃不下。

再看诸葛亮，"鞠躬尽瘁，死而后已"是他的名言，也是他一生做人的态度。刘备三顾茅庐请得诸葛亮，把军权和行政大权交给了他，诸葛亮在其位，谋其政，兢兢业业，把蜀国治理得井井有条。

马谡丢失街亭之后，诸葛亮认为自己有不可推卸的责任，于是上书给刘禅，请求自贬丞相之职。各位将帅疑惑不解，认为胜败是兵家常事；而诸葛亮认为，在其位，谋其政，自己所处调兵遣将之位，用人不当，就是自己没有谋好"政"。试想这种做人态度的传导如果作用于企业，那管理者对企业员工的影响该有多大！因此，管理者时刻都要想到通过自己的一言一行、一举一动所反映出的做人态度去影响员工。

·二、仁为本，义为先·

管理者在用人管人方面，掌握必要的"术"是无可厚非的，但自己在做人方面要"以仁为本，以义为先"也是非常重要的。清代一位徽商对"商人"有这样的见解：人生活在天地之间，该如何去做人呢？其实，做人，实际上就是要讲求一个"仁"字。圣人们常说"仁者爱人"，那么对于一个管理者，又该如何去做呢？"商人"，"商仁"也，管理者在用人中同样也要讲求一个"仁"字。

在儒家道德伦理中，"仁"体现了人与人之间极其融洽的关系，清朝康熙、乾隆之际的徽州盐商吴炳就是其中的典型代表。

吴炳生平讲求做人以"仁"为本，待人处事以"义"为先。所以他日常看到困苦之人就如同自己处在苦难中一般，定然要救人于危难之际。他帮人做好事常常是不留姓名，因而有时人们受了他的恩惠却不知他是谁。一旦看到别人处在困急中却帮不上忙，他往往会急得连饭都吃不安宁。

他不但自己仁义如此，而且还时常教导儿子吴绍璨说："我祖宗七世居家，虽然都只处在温饱阶段，但他们都是凭良心做事，做到心安理得、不愧于人。如今我要赠你十二个字，这就是'存好心、行好事、说好话、亲好人'。这十二个字你要切记在心，待人处事不可违背。"

后来他又教诲儿子说："随着年岁的增长，人的知识学问也在不断地增长，但是我觉得'厚'这个字，人的一生是学不尽也是做不尽的啊！"

他反复叮嘱儿子做人做事要厚道，要仁爱待人。他的一片拳拳"仁爱"之心，正是体现了徽商经营中以"仁爱"为根本的宗旨，也反映了"仁爱之心"是徽商所追求的价值取向。

其实在一定程度上，徽商经营中的"仁爱之心"是其"信"、"义"的升华。"仁爱之心"付诸行动，比"信"、"义"更具有吸引力和凝聚力。出于"仁爱之心"，徽商在经营中往往薄利多销，不乘人之危，不取不义之财，甚至仗义疏财，救人于危难，从而赢得很高的商业信誉，提高了他们在市场上的竞争力。这些讲仁讲义之举无形中也是对下属的"无言教育"，真正实现了身教重于言教。

清朝末年黟县有个商人李宗煜看到一个船商满脸泪痕，感到很奇怪，于是便问他出了什么事。船商带着哭腔说："我的货船在江上遭遇飓风，船上的货物全部翻入江里。现在货物没有了，我也没有钱赔，只能卖船偿还。可没有了船，我靠什么活呢？"

李宗煜了解到这位船商家里也不富裕，而且几个孩子都还幼小，全家老少全靠他一人弄船贩运养活，一旦没了船全家也就断了活路，于是李宗煜毅然决然地说："你不必着急，我代你赔偿货物。"可李宗煜刚开了小商店不久，身上资财也不过百数十千钱，但他还是毫不犹豫地将钱分了一半救济这位船商，船商因此而渡过了难关。

此后，船商逢人便称颂李宗煜的好善之德，李宗煜的仁义行为便传播遐迩，往来商人个个都称颂李宗煜为"贤贾"。远扬的声名为他赢得了滚滚财源，很快他就成了一名大商人。

试问如此做仁义之人，属下的员工哪个还能不以老板为榜样，争做仁义之人？在这样的企业里，所用之人尽是仁义之辈，哪还有用人管人之烦恼和愁闷之苦呢？

"仁爱"之心对员工的影响使企业内部更加团结与凝聚，从而提高了企业"和谐"的人际氛围。使企业充满温情，"爱人者，人恒爱之"，员工们也往往以"仁"来回报企业。管理者以仁为本，以义为先，这在用人管人方面比什么"术"都灵、都重要。

三、"担当"二字，份量不轻

作为一个管理者，我们可曾想过，自己的领导力是否跟承担力成正比？一个企业对员工有责任，对社会也有责任。因此，管理者只有将这些责任都担当起来了，企业才能在用人方面不出大问题。但这确实需要管理者要有很大的担当力。

禅宗有一个故事，慧朗禅师在著名的石头希迁禅师座下修禅。但他总认为石头禅师并未教给自己佛法真谛，于是他就转而去向马祖道一禅师求教。谁知他刚到马祖那里，就被撵了出来。

马祖毫不客气地对他说："你从南岳来，辜负石头的慈悲。你该赶快回去，其他的地方不适合你！"慧朗只好又回到石头禅师那里请教："什么是佛？"石头禅师看了看他，说："你没有佛性。"慧朗十分不满："连畜生都有佛性，为什么我没佛性？难道慧朗不如畜生？"石头禅师说："因为你不肯承担。"慧朗恍然大悟。这个故事，再次让我们感受到承担力的重要。

有些管理者平日里说起话来滔滔不绝，似乎企业的发展都是他们立下的汗马功劳，但当出现问题时，却是能推则推，能躲则躲——即使躲不了，也会想尽办法不去承担不良后果。管理者一旦失去担当之心，就会为自己、为企业，甚至是社会带来负面的影响。

2006年5月30日，韩国传出一个令人震惊的消息——逃逸五年之久的原大宇集团创始人金宇中落入法网。因涉嫌做假账，他最终被判有期徒刑十年。金宇中曾经亲手缔造了韩国第二大公司——大宇集团，创造了"大宇神话"。那么是什么使得这位曾经叱咤风云的商界领军人物成为现今的阶下囚？就是企业需要他担当社会责任的时候，他不肯担当而选择了逃避。作为管理者，该担当时你不担当，你还怎么指望能用好下属员工呢？

请看一个发生在上世纪80年代初的真实故事：一个21岁的青年，在踏入营销界后，他生平拉到的第一笔订单，就被人家骗走了十几万。毕竟是太过年轻，当时的他入道不深，又兼贪功心切，一心想做成那单生意，遂违反公司款到发货的操作流程，冲着国营商场这块"金字招牌"，就先将货物押送到对方仓库里。哪知客户早已设局等他"入套"！因时已中午，就说吃过饭就付钱，结果仅仅是在小饭铺里吃一顿饭的工夫，货物就已全部卸入仓库，连仓库门都锁上了，客户故作为难状，说是礼拜六会计正好休息，等下周一上班后给你钱吧。

接下来发生的事，你都可以想象得到：周一该青年再跑去仓库一看，里面已全空；商场也不认账，说是那个物资经理卷货潜逃之举，纯属个人行为，他们概不负责。后来通过诉诸警方，才得以从商场拿到一批不值钱的杂货陈品，但至少还有十几万元钱就再也追不回来了。十几万元是什么概念？相当于该青年所在企业当时年利润额的近三分之一，而他本人那个时候的月工资是100多元！

那家企业的管理者，在该青年向他报告受骗情况后，就向全体员工宣布，自己是这一重大责任事故的第一承担人，而且企业仍然重用这个青年。令那位闯下大祸的青年非常感动。十几年后，这家企业发展成为中国知名企业。

在员工遭受挫折时，管理者向他伸出一只与其共同担当的责任之手，比在他成功时你用两只手拍出的掌声更容易令人感动。可见"担当"二字，份量不轻，它是管理者用人管人的一个必要前提。

四、法施太子与云不遮月

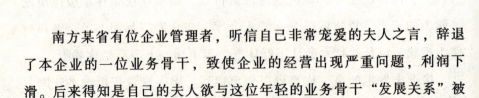

南方某省有位企业管理者，听信自己非常宠爱的夫人之言，辞退了本企业的一位业务骨干，致使企业的经营出现严重问题，利润下滑。后来得知是自己的夫人欲与这位年轻的业务骨干"发展关系"被拒绝而对其怀恨在心，才向自己进谗言的事实真相后，痛悔不已！

这与《六度集经》中的《法施太子本生》故事非常相似。

以前有位国王，统治着一个疆域辽阔的国家，他有一个太子，名叫法施。法施太子性格纯孝，行为规矩。有一次，法施太子去拜见国王的宠妃，这个宠妃看见太子相貌堂堂，不禁动了邪念，伸手就把太子往怀里拉。太子吓坏了，使劲儿挣脱，逃掉了。

宠妃忌恨在心，向国王诬告说太子对她动手动脚。国王虽然不相信，但经不起宠妃一而再、再而三地在枕边进谗言。于是，国王便派太子去镇守边境。临行前，国王告诫太子说："你在外镇守边境，一定要仁慈地对待百姓，行为要检点！"太子哭拜着说："我一定把父王的教诲牢记在心！"遂告别父亲，来到边境。

太子把属地治理得井井有条，消息传到首都，国王很高兴，但宠妃心中却十分怨恨。于是，她趁国王外出不在王宫时，派人到边境假传国王的圣旨说："你有欺君之罪，马上剜下你的两个眼珠，交付来使带回。"太子手下的官员们都不忍心做这么残酷的事。太子只好自己动手把两个眼珠剜下封在盒子里交给使者。太子把眼珠剜下后，就没法再处理政事，只好四处流浪，靠弹琴乞食，苦度时光。他有个未婚妻，是另一个国家的公主。有一天，太子辗转流浪到这个国家，在街头弹琴卖唱。因为国王很喜欢弹琴，于是就有人把他领进宫，让他弹琴给国王听。公主当时正好陪同父王一起听琴，她非常聪明，妙解音律，听懂了太子寄托在琴声里的哀思。当她明白面前的这个盲琴师就是自己的未婚夫法施太子，不禁痛哭流涕说："我的夫君，原来竟落到这种地步！"

公主对父亲说："我的命运，已经与夫君联结在一起了。他现在遭受冤枉，流落到这个地步，更需要我来照顾。希望父王同意，让我跟他走。"国王和王后都很伤心，但见女儿的决心如此坚定，只好依从她。

法施太子夫妇又辗转回到自己的国家。法施的父亲听说本城来了个弹琴高手，就把他唤进王宫。虽然这个盲琴师的面容十分憔悴，但他越看越觉得像是法施。法施的妻子就将法施如何奉命剜眼的事原原本本地告诉国王。

国王马上下令追查，原来是宠妃搞的鬼，便下令将她抓起来治罪。此后法施和他的妻子平安地生活，白头到老。

作为一个管理者，不能"听风便是雨"、"点火就着"，既便是自己最亲近的人说的话也要分析辨别，否则，就像那位懊悔的南方某省的企业管理者那样，实属做人的失败！要知道，高山也有被云雾遮蔽的时候，我们的双眼和双耳有时候也会因为某些原因受到阻隔，虽然终究是"青山遮不住"，但常因它来得太迟了，会给我们带来无法弥补的损失。只因听信谗言而伤了那位业务骨干的心，这对于管理者来说真是太划不来了！尽管事实最终真相大白，可那又有何用呢？还是"云不遮月"最好！

五、在家敬父母，何须远烧香

一个企业用什么样的人，无论该企业属于哪个行业，其标准是有共性的。而这共性之一就是一个字"孝"。这一点几乎已成共识。既然管理者的做人是用人的基础，那么管理者就要做个尽孝之人。

《杂宝藏经》卷二里讲了一个孝顺的香象。很久以前，有两个国王，一是迦尸国王，一是比提醯国王。

比提醯王因为拥有一只力大无穷的香象，总是轻而易举地就把迦尸王的军队打败，迦尸王为了一雪前耻，便对全国下达命令："若有人能为国王抓来强壮的香象，必定重赏。"

当时，在山里住着的一头大白香象被人发现了，国王立刻派军队上山围捕。这只强壮的大象竟然丝毫没有逃跑的意思，温驯地被带回了宫中。

国王得到这头珍贵的白香象非常欢喜，为它盖了一个漂亮的房子，在房子里面铺了非常柔软的毯子，又给它端上好吃的饮食，还请人弹琴给它听，可是香象却始终不愿意进食。

迦尸王非常着急，亲自来看这头香象，问道："你为什么不吃东西呢？"

香象回答："我的父母住在山里，年纪大了，眼睛也瞎了，无法自己去找水草来吃，一定饿坏了，只要想到这里，我就难过得吃不下东西……大王，您能不能放我回去孝养父母，等将来父母西归了，我会主动回来为陛下效命。"迦尸王听了深受感动，便放这头香象回到山中，同时颁令，全国皆要孝养、恭敬父母，若不孝者，将处以重罪。

过了几年，老象死去了，大香象依约回到王宫，迦尸王高兴极了，立刻派它进攻比提醯国。但是，香象反倒劝国王化干戈为玉帛，并愿意前往比提醯国，做和平的使者。果然，香象真的化解了两国的仇怨，使两国人民都能安居乐业。

其实我们每个人小的时候，觉得父母为自己所做的事都是理所应当的，从不知感恩。长大后才发现，原来父母的恩德是那么深重！

"母年一百岁，常忧八十儿"。这样的牵挂，这样的情意，实在是永远无法回报的。

佛经里讲香象的孝顺，正是告诉管理者用人要用对父母有孝心之人，而我们自己更应做孝顺父母的表率，给员工们起示范作用。佛门对在家修行的居士，就提出了以"五事"来孝敬父母：首先是子女必须维护父母的财产；其次是供奉父母，除了物质上保障父母的衣、食、住、行及身体健康外，还要关注父母的精神需求；再次是子女在做事之前，要先告诉父母；第四，父母所为，恭顺不逆，若是父母所做的事不对，子女要婉言相劝；最后就是父母的教诲不能违背，父母教的事，只要是对的，子女就要去奉行。

管理者如能做到孝顺父母，这在我们这个儒家思想文化底蕴深厚的国度里，在员工中就有了一种无言的魅力，员工正是通过看管理者对家人的态度来认识我们的品行，体会我们的做人之道。假若我们不够孝顺父母，员工就会想："他连生养他的父母都如此对待，何况对待咱们了，那就更好不了了！"如此一来，员工们对管理者及整个企业的忠诚度就会大大降低，进而又会影响我们的用人环境。什么叫"良鸟择木而栖，贤臣择君而侍"呢？因此，尽管自古就有"忠孝难两全"之说，但任凭企业事再多再忙我们也要多做一些孝敬父母的事，做一个尽孝的人。还是勿忘一条最简单的道理：要想把人用好，先要把人做好！

六、习气事小，做人事大

"习气"一词出于佛门，系指长期养成的难以改变的行为、语言和意向。习气在人的身上，就像装过酒的酒瓶，虽然将酒倒光了，但瓶中仍有酒味一样的难以断除。那么我们透过一个人的习气也就能看其做人了。因此，管理者要想在用人方面消除烦恼，那就还是要首先"始于足下"，我们自己要把人做好，培养高尚道德，摈弃不良习气。

说到习气，世人无一不有。而且因习气有好有坏，故世人身上的习气也有好坏之分。我们不是经常说，要注意养成自己的良好习气，克服不良习气吗？

作为企业管理者，众人之上，又手握大权，自己的一言一行、一举一动所反映出的个人修养和高尚良好的工作、生活习气，不仅能在员工中提升自己的人格魅力，树立良好的个人形象，而且你的这种良好习气对全体员工也是无形无言的教诲，它会影响整个企业环境的"空气质量"。因此，管理者一定要做一个有良好习气的人。

可以设想，在一个粗俗、不良习气缠身的管理者之下，岂有文明礼貌"温、良、恭、俭、让"之员工？事实也如此，无论中外，成功的管理者都有不凡的个人魅力，这魅力中无不包含着大量的良好习气因素在内。

拿不良的语言习气来说，佛祖释迦牟尼就认为有四种，第一种是妄言，就是说谎话。第二种是绮语，就是倒打一耙，反咬他人。第三种是恶口，就是说出的话非常无理，令人难以接受甚至辱骂他人。第四种是两舌，就是说话没根没据，不管在什么场合随意胡说八道。这几种不良的语言习气我们都能在一些人身上看到。

大家都知道，在美国历史上，曾有史丹顿将军拒绝执行林肯总统的命令。他写信给林肯，骂林肯是"一个笨蛋"，指责林肯签发的命令是"笨蛋的行为"。这就是史丹顿将军身上显现出来的不良习气"恶口"。林肯的秘书看到这封信后很生气，但是当林肯看到史丹顿写的信之后，他却很平静地回答说："如果史丹顿说我是个笨蛋，那我一定就是个笨蛋，因为他几乎从来没有出过错。"从习气的角度看，既便史丹顿的主张是对的，但他骂人的习气就不可取；而作为总统的林肯，既便命令下错了，但他谦让而不反唇相骂，就在习气上胜过史丹顿将军，透过习气林肯的个人魅力就显现了。

因此，管理者要想用好别人，首先还是要提升自我，修炼自我，提升和修炼往往就是从克服不良习气开始的。莫以善小而不为呀！千万别认为有点不良习气无碍大局，那可就大错特错！当下有一句流行语："细节决定成败！"像习气这样的"小节"也别"不拘"。

管理者每天面对各类问题，情急之下，愤怒之中说一句秽语，骂两句粗话好像也不违情理。其实不然，这正是习气事小，做人事大。净空法师曾讲，你在有理时都不要"理直气壮"，而要"理直气和"，更何况口出粗言了。所以，管理者要常想自己是企业的帅，你在用员工时会从各方面考量他们，而众多员工在心里也会透过你的一言一行、一举一动所反映出来的习气给你打分。这小小的习气，并不是能掉以轻心的小事！

七、"新人""旧人"与做人

在《六度集经》卷五《童子本生》中讲了这样一个故事。从前，城里有位财主叫首陀罗，虽然家财万贯，但一直没有孩子，于是首陀罗收养了一个弃儿。

但没几个月，首陀罗的妻子竟然怀孕了。首陀罗喜出望外，有心想遗弃收养的弃儿，于是，便用衣被把这孩子裹一裹，趁着夜色把他扔到干涸的小河沟里。牧羊人发现了，便把孩子抱回去，每天用羊奶喂养。首陀罗知道后，觉得很惭愧，也有点儿后悔，便把这个孩子重新收养下来。

此后，首陀罗虽对这个收养的孩子很不好，但当首陀罗去世的时候，这个儿子和儿媳还是十分伤心，痛哭了一场，他们感念首陀罗的收养之恩，把丧事办得十分隆重周到。全城的人，没有一个不夸奖他们的。这个故事告诉我们，只要是过去帮助过我们的人，有恩于我们的人，不管日后我们如何发达了，都不应忘记他们，更要善待他们。这一点就管理者而言，既是企业用人智慧的"道"，又是管理者做人的本。

每一个企业从初创到发展壮大，都少不了在创业阶段立下汗马功劳的那些"元老"。要知道没有他们就没有企业的今天。虽然他们在企业发展到更高的层次、更大的规模时，似乎显得有些"过时了"，对企业不重要了，甚至已令人"厌烦"了。

恰在此时，作为管理者一定要处理好"旧人"与"新人"的关系，两眼只盯"新人"而无视"旧人"，甚至想尽一切办法挤走、逼走"旧人"，这无疑是管理者用人之大忌！更是做人的大忌！如此这般，员工们定会产生诸如"卸磨杀驴"、"飞鸟尽，良弓藏；狡兔死，走狗烹"等感慨。作为管理者在员工心目中该是什么形象？想必谁都明白，不言自喻。管理者如此做人，还怎能期望用人方面会有佳境！

拿员工退休来说，倘若一位在企业工作了一辈子的老员工，单位只是要他办好相关手续后，就再没有下文了，那他在办好手续独自回家时，心中的失落感肯定是难以用语言表达的。管理者不要认为只要让他们及时拿到退休金就可以了。其实，他们不但是企业的功臣，而且是企业的一笔重要财富。管理者在老员工退休时，应争取与他们谈谈心，肯定一下他们对企业的贡献，听取一下他们的意见和建议，关心一下他们退休后的生活以及存在的困难，这不仅体现了我们管理者以人为本的做人美德，也是对在岗员工的一种宽慰。因为今天的在岗员工，明天也将面临着退休的问题。如果对今天退休的员工不闻不问，就会让在岗员工产生一种兔死狐悲的冷漠感觉，他们对企业的美好认同和归属感也将大打折扣，更不利于企业的向心力和凝聚力的形成。

因此，当管理者在用人方面无法回避"新人"换"旧人"这一规律性问题时，关键在于如何把握住自己以人为本的做人美德，使企业的"新人"充满欢声笑语，"旧人"永葆美好回忆。

八、俭朴尚德，自在潇洒

用自己的俭朴去影响员工，这也是管理者在用人上先强调自己做人的一个很重要方面。大家都知道，现在已拥有愈千亿美元巨额财产的沃尔玛的创始人山姆·沃尔顿就是以自己的励行俭朴来影响员工的。山姆一直住在一个叫本顿维尔的小镇里，从没有购置过什么豪宅，也没有开过豪华轿车，人们看到的他经常开着一辆破旧的货车在小镇里出出进进，他的早餐也只是汉堡而已，而且一边吃着汉堡一边与司机们聊天，话题广泛且极具生活化。他出差只住普通旅店，并且热衷于与其他人住在一个房间里。他喜欢在全镇价格最低的理发馆理发，因为那里理一次发只需要5美元。山姆的"抠门"一开始曾让一些员工感到新奇，为进一步试探他，他们甚至在山姆要走过的路上扔了一枚硬币，没想到这个亿万富翁却不惜屈尊地将硬币捡了起来。这对员工们的影响该有多大是不难想象的。

特别是有一次，他看到一位新员工在给顾客包装产品时多用了半张包装纸，之后在剪绳子时也预留得多了一点儿，便走向前去意味深长地说："你知道吗小伙子，我们所卖的货是不赚钱的，我们只赚一点节约下来的包装纸和那点绳子的钱。"山姆曾这样告诉他的员工："如果我们愚蠢地浪费掉一美元，就意味着我们在竞争中比别人落后了一步。"

再看被誉为香港首富的李嘉诚，他仍然住在四十多年前结婚时购置的那套房子里，那是一套看不到海景,既不豪华，内饰也很一般的房子，但他一点都没有感到寒酸。他在公司里与员工吃同样的工作餐，他去工地巡察,就会很和蔼地与那里的工人吃同样的盒饭，大口大口的吃相，会使不认识他的人以为是自己的一个工友呢。如果是他自己吃饭，只要一碟煮青菜和几条不值钱的小猫鱼，他说再多了，就是浪费了。

人们经常会看到李嘉诚穿着那套西服出入各种场所，甚至是规格极高的会晤或宴客，但谁也不会想到，那是已经穿了十几年的西服，并且不是什么名牌产品。他说他对于牌子不怎么讲究，他手上戴的那块手表已用了十几年，而且也是一块极为普通的手表。他有几双皮鞋，但一半是坏了的，可他从不舍得扔掉，补好后再继续穿。有一年他到北京办事，发现皮鞋的饰带烂了，索性剪掉，成了一只有带另一只没带的样子。

节俭是一种品性、一种修养，一种富而不奢、自我克制的至高境界。

更有甚者的是资产超过 200 亿美元、闻名全球家居零售连锁业的顶级富豪，宜家家居创始人英格瓦·坎普拉德。他去购买蔬菜或水果通常是在下午，因为上午的总是要比下午的价格高出几分或几角，而他认为一天之内的保鲜水平相差无几。他在总部吃工作餐也非常简单，通常有两个小菜足矣。在北京的秀水街，坎普拉德看好了一条要价只有 100 元钱的休闲裤，但这个个头不高的瘦老头，还是很认真地与对方讨价还价，最后以 90 元成交。10 元钱对一个拥有 200 亿资产的人来说，简直就是九牛一毛，但它却反映出一个人在节俭方面的良好品性。走进宜家家居位于瑞典南部赫尔辛堡的坎普拉德办公室，你就会看到墙上赫然醒目的标语性口号："一定要节约每一度电。"他号召他的员工在不用电脑、电灯或水龙头时一定要把它们关掉。

从这些亿万富豪身上，我们看不到光鲜的服装，或拥有什么豪宅豪车。他们这种俭朴生活的理念和俭朴尚德的做人风范，是对员工的一种无形的最佳教育。可使整个企业从上至下都避免奢华之风。"清水出芙蓉，天然去雕饰"。当你的员工在你的影响下，也都能去掉各种修饰和包装，活得自自然然，潇潇洒洒，那么，你作为管理者在用这样的员工时还能不自在潇洒吗？

后　记

　　本书从选题策划到撰写完成，历时近两年。这期间，我除了担任我校繁重的研究生、本科生教学工作外，作为项目负责人还主持了一项北京市"彩虹工程"课题，参加两项研究基地的科研工作，并在2008年北京市教委举办的"第二届高校教师讲课大赛"中获得了第一名。讲这些不为别的，只是想说这本书的问世实属不易，无论盛夏酷暑还是新春佳节，我都不敢稍有懈怠，而是利用仅有的空闲时间并在身体状况允许的条件下"开夜车"将其完成的。

　　佛学是个高深的学问，两千多年的积淀，使其著述真可谓"山高水深，浩如烟海"，而中外管理理论的书籍也堪称是"汗牛充栋"。因此，我们查阅、研判资料的工作可想而知是个艰苦的过程，但是这又是项基础性而不可省略的工作，如同建造大厦之先筑地基一般。

　　至于本书的写作风格可以概括为：见事见人，理从事出，以论导理，论理结合，注重实证，通俗易懂。

　　特别需要指出的是，本书从选题策划到体例结构、章节布局等方面，中华工商联合出版社寿乐英编审做了大量的指导工作，不但对全书提出了很多宝贵的修改意见，为了使本书更为精彩，还亲自为我们提供了很多宝贵资料。对此，我们表示深深的敬意和谢意！

本书写作过程中，参考了很多图书和报刊，限于体例不能一一列出，在此对原作者表示感谢。参加本书资料搜集、整理及文字处理工作的还有赵庆春、张霞、徐婉、刘艳惠、赵楠、马勇、徐京红、黄欣等同志。没有他们的努力，本书的付梓也是不可能的。谢谢他们！

匡长福
于首都经济贸易大学侧畔万年花城寓所

195　后

记

责任编辑：雍　谊

封面设计：尚书堂

图书在版编目（CIP）数据

用人的菩提/匡长福著.—北京：东方出版社，2009.12

（说佛商界/寿乐英主编）

ISBN 978-7-5060-3640-5

I.用… Ⅱ.匡… Ⅲ.佛教—应用—企业管理：人事管理 Ⅳ.F272.92

中国版本图书馆 CIP 数据核字（2009）第 163700 号

用人的菩提
YONGRENDEPUTI

匡长福◎著

东 方 出 版 社 出版发行

（100706　北京东城区朝阳门内大街 166 号）

北京中印联印务有限公司印刷　新华书店经销

2009 年 12 月第 1 版　　2009 年 12 月第 1 次印刷

开本：710×1000 毫米　1/16　印张：13

字数：150 千字

ISBN 978-7-5060-3640-5　定价：38.00 元

邮购地址：100706　北京朝阳门内大街 166 号

人民东方图书销售中心　电话：（010）65250042　65289539